돈의 신에게
사랑받는
3줄의 마법

쓰기만 해도 월급과 인맥,
평생운이 극적으로 바뀐다!

돈의 신에게 사랑 받는 3줄의 마법

후지모토 사키코 지음 | 정세영 옮김

Angle Books

일러두기

본문에 들어간 저자의 노트에 기재된 내용들은 독자가 적절히 활용할 수 있도록 핵심 주제를 중심으로 간추려 번역하였음을 밝힙니다.

마음속에 품고 있던 감정을

노트에 꾸밈없이 솔직하게 쓰면서부터

하루하루가 변해 갔습니다.

머릿속으로 생각만 했을 때는

불가능했던 일이었죠.

고민, 생각, 감정, 소원까지

노트에 솔직히 적은 후

더 이상 집착하지 않고

자연스런 흐름에 맡긴 것만으로

정말 그 모든 것이 바뀌었습니다!

'돈이 없어!'

'돈이 부족해!'

'돈만 있으면 뭐든 할 수 있을 텐데!!'

이 글을 읽고 있는 당신은

빚과 우울, 생활고에 시달리던 예전의 나와

어쩌면 비슷한 상황일지도 모릅니다.

그러나 행복해지는 건 의외로 아주 간단합니다.

'지금보다 더 멋진 집에서 살고 싶어!'

'지금보다 더 반짝반짝 빛나는 사람이 되고 싶어!'

'지금보다 더 쉽게 돈을 벌고 싶어!'

'좋아하는 일만 하면서 살고 싶어!'

'멋진 사람과 사랑에 빠지고 싶어!'

혹시 이러한 바람들을 갖고 있나요?

그렇다면 당신에게

돈의 신에게 사랑 받는 3줄 노트의 마법을

전부 알려드리겠습니다.

준비되셨나요?

목차

1장 돈의 신에게 사랑 받기 위한 기본 설정
나와 돈과의 상관관계 바로잡기

2장 숨겨진 감정에 정직해지기
돈의 신은 솔직한 사람을 좋아한다

4장 돈을 부르는 3줄 노트 들여다보기
당신도 돈의 신에게 사랑 받을 수 있다

RIGHT NOW, WRITE DOWN,
THREE LINES

돈의 신에게 사랑 받는
3줄 노트의 마법이란?

"사랑하는 아이들과 마음껏 여유로운 시간을 즐기면서도
쉽게 척척 돈을 버는 행복한 미녀 부자!"

어떤가요?

이게 실제 상황이라면 정말 행복하지 않겠어요?

사실은 이것이 내 인생의 '설정'입니다.

나는 몇 년 전까지만 해도 한 달 수입이 100만 원도 안 되
는 싱글맘이었습니다. 그러나 쉽고 간단하게 행복하고 풍요
로운 삶을 살기로 결심한 후 고작 2년 만에 100만 원이었던
한 달 수입이 1억 4천만 원까지 늘어났죠.

지금은 보물 같은 네 아이와 사랑하는 남자친구, 그리고 좋아하는 일에 둘러싸여 행복하고 여유로운 하루하루를 살아가고 있습니다.

이런 이상적인 삶을 실현한 나의 비결은 아주 간단합니다.

첫째, 관찰(觀) ─ 지금의 나를 직시한다.

둘째, 감정(感) ─ 지금의 감정을 오롯이 느낀다.

셋째, 결정(決) ─ 원하는 세계의 설정을 정한다.

이게 전부랍니다. 아주 간단하지 않나요? 나는 이 과정을 '설정 변경'이라고 부릅니다.

누구나 지금의 자신을 똑바로 마주하고 원하는 세계를 결정하기만 하면 돈의 신은 무조건 응원해 준답니다!

"인터넷 쇼핑몰의 매출이 확 늘었어요!"

"세미나 정원을 채우려고 이리 뛰고 저리 뛰며 전전긍긍하는 일이 싹 사라졌어요."

"오랫동안 고민만 하다가 드디어 회사를 그만두기로 결정했어요!"

내가 올린 블로그의 글을 읽거나 세미나와 강연회를 참석하면서 직접 설정 변경을 해 본 많은 분들이 이런 기쁜 소식을 전해 줍니다.

'계속해서 지금보다 더 풍요롭고 부유한 세계를 보고 싶다!'고 생각하나요?

나 역시 이런 바람으로 매일매일 내가 꿈꾸는 세계를 업데이트해 나가고 있습니다.

설정을 변경하기 위한 노트

"어떻게 하면 그렇게 쉽게 설정을 변경할 수 있나요?"

많은 사람들에게 이런 질문을 받고서야 깨달았습니다. 나는 언제 어느 때나 늘 노트를 써 왔다는 사실을요.

노트는 내가 감정과 마주하기 위해 사용하는 아이템입니다. 일기를 대신해 마음속의 감정을 숨김없이 쏟아낸 노트는 어느덧 20권이 훌쩍 넘었죠.

어느 날 문득 추억에 젖고 싶어서 예전에 쓴 노트를 뒤적여 보았습니다. 손발이 오그라들 만큼 유치하고 창피한 내용으로 가득하더군요. 하지만 이미 지나간 일인 만큼 냉정한 시선으로 바라볼 수 있었습니다.

'이때 내가 이런 생각을 했었구나.'
'이런 고정관념에 사로잡혀 있었구나.'

노트를 보니 그 당시 내가 어떤 설정으로 스스로를 옭아맨 채 살았는지, 어떤 세계에서 살아가기를 꿈꿨는지 기억이 새록새록 되살아나더군요. 그와 동시에 현재의 내가 예전에 꿈에 그리던 이상적인 세계에서 살아가고 있다는 사실도 새삼 깨달았습니다.

그러자 이런 생각이 들더군요.

'내가 간단하게 설정을 변경할 수 있었던 열쇠는 노트였구나! 그렇다면 내가 노트를 어떻게 활용했는지 사람들에게 알려 주자!'

이 책은 좀 더 많은 이들이 스스로 원하는 행복을 경험할 수 있도록 설정 변경의 강력한 힘과 노트의 마법을 전하고 싶다는 마음에서 탄생했습니다. 경험상 그저 무작정 쓰기만 해서는 '변화'를 가져오기가 어렵기 때문입니다.

행복과 돈을 부르는 노트 쓰기에는 기본 공식이 있습니다. 그 외에도 노트 쓰기에 도움이 됐으면 하는 마음으로 내용 중간 중간에 내가 실제로 쓴 노트의 일부를 실어 두었습니다.

돈의 신에게 사랑 받기 위한 3·3법칙

1. 직시한다
2. 느낀다
3. 정한다

앞에서도 이야기했듯 노트로 인생을 풍요롭고 부유하게 만드는 포인트는 다음과 같이 '3줄'에 자신의 모든 것을 집약하는 것입니다.

지금의 나와 지금의 내 감정을 있는 그대로 직시하고,
진짜 내가 바라는 것이 무엇인지를 느끼고,
원하는 세계를 스스로 정한다.

예쁘고 멋진 노트는 비참한 감정을 끄적거린 글조차 가치 있게 만들어 줍니다.

이 공식만 익히면 쉽게 상황을 바꿀 수 있습니다. 그럼에도 무엇을 써야 할지 모르겠다는 분을 위해 사실과 환상을 구분하고, 감정을 음미하고, 자기가 꿈꾸는 모습을 결정하는 과정을 차례차례 소개하겠습니다.

1장에서는 당신이 원하는 수준의 돈과 풍요, 설정을 결정하고 난 다음 모든 것을 내맡기는 '우주의 비밀'에 관해 이야기합니다.

지금 당신이 진정으로 원하는 것을 솔직히 드러내세요.

2장에서는 노트를 통해 마주하는 '감정'에 관해 이야기합니다. 돈의 신에게 사랑 받으려면 사실과 감정을 구분할 줄 알아야 합니다. 그런데 대부분의 사람은 사실과 감정을 동일시하는 경향이 있습니다.

나 역시 마찬가지였죠.

따라서 2장에서는 감정과 온전히 마주한 다음 스스로 만들어낸 자신의 현실에 철저히 절망하는 과정을 설명합니다.

3장에서는 자기가 원하는 만큼 돈이 흘러넘치는 세계를 만들려면 어떤 식으로 설정을 변경해야 하는지에 관해 다시 한 번 이야기합니다.

"구체적으로 어떻게 하면 되나요?"라는 질문을 자주 받는 만큼 다양한 방식으로 이해하기 쉽게 풀어서 설명하겠습니다.

덧붙여 1~3장의 마지막 부분에는 워밍업 겸 간단한 연습문제를 실어 두었습니다.

"오늘부터 당장 노트를 쓰겠어!" 하고 결심한다 해도 막상 실천에 옮기기란 쉽지 않은 법입니다.

우선 연습 문제에 도전하면서 노트와 마주하는 연습을 해 보세요.

4장에서는 '3줄 노트 쓰는 법'을 차례대로 설명합니다.
'노트 쓰는 법이 왜 4장이야!?' 하며 의아해 하실지도 모르겠군요. 사실 여기에는 이유가 있습니다. 1~3장에서 다루는 내용은 모두 설정 변경의 대전제이므로 완전히 이해한 후에 4장을 읽어야 합니다. 무작정 노트 쓰기부터 시작해 봤자 아무것도 달라지지 않으니까요.

4장의 마지막에는 3줄 노트를 활용해 돈과 관련된 고민을 받아들이고, 느끼고, 결정해 가는 과정을 이해하는 데 도움이 될 만한 5가지 실제 사례를 엄선해 담았습니다.
사례에 이어 직접 연습해 볼 수 있는 3줄 노트 양식을 실어 두었으니 꼭 한 번 시도해 보세요. 설정 변경은 요령만 터득하면 식은 죽 먹기보다 더 쉬우니까요!

'승패의 세계'에서 벗어나라

'나도 노트의 마법을 경험하고 싶어!'

이렇게 생각하는 당신에게 아주 중요한 비결을 알려 드리겠습니다.

나는 지금 소중한 사람들과 행복한 시간을 보내고 있습니다. 또 수많은 사람들과 새로운 인연을 맺으며 멋진 나날을 맞이하고 있죠. 그런 삶에 감사하면서도 항상 마음에 새기는 것이 있습니다. 바로 '승패의 세계에서 벗어나자'라는 다짐입니다.

다시 말해 설정 변경이란 누군가에게 우월감을 느끼기 위해서 하는 게 아니라는 겁니다.

'남보다 더 행복해지고 싶어!'

'남보다 더 멋진 사람이 되고 싶어!'

마음속에 이런 승패의 감정이 있는 한 영원히 만족할 수도, 원하는 세계에 다다를 수도 없습니다. 우월감과 열등감은 동전의 양면과 같으니까요. 오늘 이겼다면 반드시 지는 날

1. 들여다보기

노트와 마주하며 감정을 정리하기

2. 내려놓기

원하는 설정을 결정한 후에는 모든 것을 우주에 맡겨야 하는 이유

3. 설정 변경

설정을 변경하기 위한 구체적인 방법

3가지가 아주 중요함!

3가지 포인트를
완벽히 이해한 다음에
3줄 노트 쓰기를 시작하세요!

이 찾아오게 마련입니다. 늘 이기기란 불가능한 일이죠. 그렇다면 차라리 승패의 세계에서 벗어나는 게 어떨까요?

남과 비교하며 기쁨을 느끼기보다는 지금의 나를 즐기세요.

지금의 나는 무엇을 원하는지, 과연 내가 나의 세계에서 보고 싶은 풍경이 무엇인지 남의 시선 따위 의식하지 말고 오로지 자신의 시선에만 집중해 보세요. 그것만으로도 순식간에 '인생의 스테이지'가 껑충 뛰어오릅니다.

부디 3줄 노트의 마법을 적극 활용해서 당신만의 특별하고 멋진 인생, 돈의 신에게 사랑 받는 하루하루를 꼭 손에 넣으시길 바랍니다!

1장

돈의 신에게 사랑 받기 위한
기본 설정

나와 돈과의 상관관계 바로잡기

1

'나는 언제나
미움 받는다'라는 설정

> 66
>
> 기억하세요. 자신의 설정이 무엇인지 깨닫는 것,
> 그것이야말로 돈의 신에게 사랑 받는 비결입니다.
>
> 99

"정말 노트를 쓰는 것만으로도 돈의 신에게 사랑을 받을 수 있나요?"

이 책을 펼쳤다면 먼저 이렇게 묻고 싶어졌을지도 모르겠습니다. 그럼 잠시 내 이야기를 해 보죠.

6년여 전 나는 아이가 둘 딸린 싱글맘이었습니다. 요즘엔 찾기도 힘든 재래식 화장실이 딸린 낡은 집에 살면서

변변한 직업도 없는 상태였죠. 그런 상황에서 친구와 함께 큰맘 먹고 핸드메이드 소품을 파는 가게를 시작했지만 매출도 영 신통치 않았습니다. 남자친구에게도 '이렇게 힘든 건 다 당신 탓이야!'라는 생각을 갖고 있었으니 당연히 그와의 사이도 좋을 리 없었죠.

나는 이런 상황에서 어떻게 벗어났을까요?

돌이켜보면 지금의 내 상황이 정말 싫어진 순간이 있었습니다.

가게를 시작한 나는 주변 사람들에게 사랑 받으려고 안간힘을 썼습니다. 손님뿐 아니라 거래처, 그외 업계 사람들 모두에게 말이죠. 그런데도 나를 험담하는 사람이 생겼고 매출도 형편없었습니다. 노력하면 노력할수록 마음만 더 괴로워졌죠. 결국 우울증이 찾아와 한때는 돌발성 난청까지 생겼습니다. 더구나 우울증은 마음이 약한 사람이 걸리는 거라는 편견에 사로잡혀 우울증이 깊어질수록 자괴감이 들고 불안해졌습니다.

그때의 나는 뭐랄까요, '자신의 의사와는 전혀 상관없는 마음'을 가지고 살아가는 느낌이었죠.

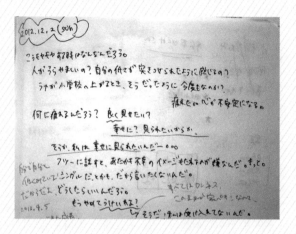

🔄 싱글맘이라는 처지를 받아들이지 못하던 시절, 감정을 파고들며 내가 가진 설정이 무엇이었는지 깨닫는 과정이 담긴 노트입니다. '남에게 불행해 보일까봐 싱글맘이라고 말하고 싶지 않다'고 쓰여 있습니다. 그 당시 내 설정은 '싱글맘은 불행하다'였던 것이죠. 그 설정을 변경했더니 싱글맘인 채로 행복과 풍요로움을 누리게 되었습니다. 그리고 사람을 조건으로 판단하는 일도 없어졌습니다.

좋아하는 일을 하고 싶어서 이 일을 시작했는데 왜 모든 게 다 꼬이는 거지? 뭔가 근본적으로 잘못된 것은 아닐까? 자신이 어딘가 부족하고 약하다는 생각에 모든 일이 무언가에 쫓기듯 굴러갔습니다. 불안함이 계속되었죠. 내 생각과 상관없이 모든 게 흘러가는 느낌이랄까요.

그러던 어느 날 문득 이런 의문이 들었습니다.

'어쩌면 내 의지와는 상관없는 부분에서 뭔가가 일어나고 있는 건 아닐까?'라는.

지금은 일상이 된 일, 즉 '있는 그대로의 나를 직시하기'를 이때 처음으로 해 보았습니다. 내가 느끼는 감정을 의심하면서 깊이 파고들어 간 것이죠. 그 결과, 모든 원흉의 시작은 '미움 받고 싶지 않다'는 것이었음을 깨닫게 되었습니다.

나는 어릴 적부터 모든 사람에게 사랑 받고 싶다는 마음이 강했습니다. 그러나 한편으로는 항상 미움 받는다는 생각에 사로잡혀 있었죠. 다시 말해 '나는 항상 미움 받는다'가 내 설정이었던 것입니다.

모두에게 사랑 받고 싶다는 마음을 전제로 살아가는 하

루하루는 정말 고통스러웠습니다.

'나는 이렇게 모두에게 사랑 받고 싶은데 다들 나를 미워해. 너무 힘들어.' 그렇게만 생각했습니다. 이런 설정을 갖고 있었으니 사람들에게 미움 받는 게 당연한 일이었는데도 말이죠.

객관적으로 '나'를 바라보고 나서야 비로소 자신이 '항상 미움 받아서 좌절하는 나'에 푹 빠져 지냈음을 깨달았습니다. 그와 동시에 '상황을 이렇게까지 악화시킨 건 나 자신이 아닐까!?' 하는 생각이 들었죠.

그제야 '나는 자신이 만들어낸 말도 안 되는 설정에 사로잡힌 채 비극의 여주인공 행세를 했던 것이 다름 아닌 나 자신이었다는 사실을 깨달았습니다.

이 설정을 깨달은 후부터는 모든 것이 180도 달라졌습니다. 인간관계가 완전히 변했고, 한 달 수입이 계속해서 엄청나게 늘어났죠. 이는 고작 2년 만에 일어난 일이었습니다.

2
우주가 현실로 만드는 것은 '생각'이 아니라 '설정'

> 행복이 내가 아닌 누군가에게 달려 있다고 설정한 사람은
> 다른 누구도 아닌 당신 자신입니다.

'나는 언제나 미움 받는다.'

이 설정을 스스로 깨달았을 때 나는 뒷통수를 세게 맞은 듯 큰 충격을 받았습니다. 자신이 남에게 미움 받는 상황을 만들어 왔을 줄은 꿈에도 생각지 못했으니까요.

비슷한 시기에 또 한 가지 깨달음을 얻었습니다. 남자친구가 추천해 준 나폴레온 힐의 《놓치고 싶지 않은 나의 꿈

나의 인생》을 읽으면서였죠. 아무 선입견 없이 순순히 읽어 내려갔지만 도저히 받아들이기 힘든 부분이 있었습니다. 바로 '생각은 현실이 된다'는 내용이었습니다.

나는 '사람들은 왜 나를 이렇게 미워할까?' 하고 생각한 적은 있지만 '사람들에게 미움 받고 싶어'라고 생각한 적은 단 한 번도 없었습니다. 그러나 현실이 된 것은 '나는 언제나 미움 받는다'라는 스스로가 만든 고정관념, 즉 '설정'이었죠.

이 깨달음은 내 인생의 큰 전환점이 되었습니다. 나는 수많은 노트 쓰기와 경험을 바탕으로 시행착오를 반복한 끝에 하나의 결론에 이르렀습니다.

생각을 바꿔도 설정을 바꾸지 않는 한 상황은 달라지지 않는다. 그렇다면 내가 원하는 감정이 생기도록 설정을 변경하면 된다. 그러면 그 설정에 맞는 현실이 이루어질 것이다. 이제부터 '언제나 미움 받는다'라고 생각하며 좌절감을 느끼는 것은 그만두자.

이렇게 결정하고 나니 차츰 사람들이 나를 미워해도 어쩔 수 없다고 생각하게 되었습니다. 그러자 어이없을 만큼 상황이 달라지기 시작하더군요.

그때까지 나는 미움 받고 싶지 않다는 생각 탓에 방문 판매의 딱 좋은 먹잇감이었습니다. 신문, 우유, 요구르트 등을 대량으로 구입한 게 한두 번이 아니었죠. 지금 돌이켜보면 내가 거절하지 않았을 뿐인데 언제나 강매 당했다고만 생각했습니다. 그럴 때마다 "우리 집에 물건을 팔러 온 영업 사원 잘못이야!", "방문 판매라는 형태 자체가 문제야!" 하며 씩씩거렸으니 적반하장이 따로 없었죠. 그런데 미움 받아도 상관없다고 결정한 것만으로 방문 판매 사원의 발길이 뚝 끊겼습니다. 정확히 말하자면 전에는 조마조마해하며 가끔씩만 집에 사람이 없는 척을 했다면, 결정한 다음부터는 전혀 초인종에 신경 쓰지 않았더니 아예 방문 판매 사원이 찾아오지 않게 된 거죠.

그밖에도 마음이 맞지 않아 만나고 싶지 않았던 아이 친구 엄마와 연락이 자연스럽게 끊기거나 오프라인 매장을 온라인 쇼핑몰로 바꾼 후에 매출이 오르는 등 이게 대체 무슨 일인가 싶을 만큼 순식간에 많은 일들이 술술 풀리기 시작했습니다.

나는 이런 일들을 계기로 확신했죠. 생각이 아니라 '설정'을 바꿔야 한다고.

더 이상 행복해지기 위해 상대에게 머리를 숙일 필요도, 상대의 기대에 부응할 필요도 없습니다. 그런 요구를 하는 상대라면 차라리 당신이 버리는 편이 낫습니다. 중요한 것은 당신이 어떻게 하고 싶은지, 당신이 꿈꾸는 세계가 어떤 모습인지입니다.

지금 자신이 있는 세계가 이 세상의 전부는 아닙니다. 지금 있는 세계는 당신이 결정해서 이루어진 세계일뿐입니다. 당신이 살고 있는 세계가 정말로 즐겁고 행복한지 항상 자기 자신에게 물어보세요. 이것이야말로 우주를 내 편으로 만든 비결입니다.

3줄의 마법 Note tip

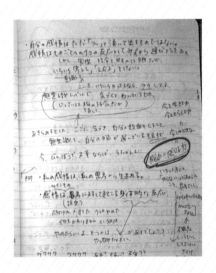

⬡ '포인트 카드가 없으면 손해다. 손해 보지 않도록 세일하는 날, 포인트가 2배로 적립되는 날에만 사자'라는 내 설정을 깨닫고 아연실색했을 때의 놀라움을 적은 노트입니다.

무의식이란 실제로는 뇌가 내리는 명령입니다. 그러므로 자신의 설정이 무엇인지 깨닫는 것이 정말 중요하죠.

그리고 '가난하고 불행하다면 지금의 그 상태를 의심하재'라고도 적혀 있습니다. 절망할 때까지 나를 의심하고 또 의심했기에 이제는 당당하게 행복하다고 말할 수 있게 되었습니다.

3

'캐릭터 관점'이 아니라 '플레이어 관점'으로 즐겨라

> 66
>
> 게임하는 내내 괴롭다면 다른 게임을 하는 편이 훨씬 낫죠.
> 더 쉽고 재미있는 게임으로 바꾸면 시간을 즐겁게 보낼 수 있으니까요.
>
> 99

나는 머릿속으로 정리하는 데 서툰 편입니다. 그래서 노트에 감정과 소원, 생각, 설정 등을 쓰기 시작했죠.

노트에 글을 써내려가다 보면 머릿속이 차근차근 정리되는 느낌이 들었기에 노트 쓰기는 어느덧 내 일상이 되었습니다. 그런데 여기에는 운이 보다 빨리 변할 수 있는 포인트들이 있습니다.

나는 '언제나 미움 받는다는 설정 외에도 스스로 나를 옭아매고 있는 설정이 또 있지 않을까?'라는 생각이 든 후부터 내면의 감정 변화를 면밀히 살피기 시작했습니다. 감정 하나하나에 집중하고, 내가 원하는 감정을 느낄 수 있도록 설정을 변경해 왔죠. 그 결과 행복하고 풍요로운 지금의 내가 될 수 있었습니다.

이처럼 꾸준히 노트를 쓰기만 했는데도 스스로도 믿기 힘들 만큼 현실이 달라졌습니다. 게다가 이건 게임처럼 아주 간단하기까지 하죠!

실제로 나는 인생을 게임에 비유할 수 있다고 생각합니다. 우리 아들은 게임을 하면서 "악! 죽었다!", "으윽, 또 실패했어!", "에잇, 이번 판은 망했다!" 하며 짜증을 내곤 합니다. 왜 신나는 게임을 하는데 짜증이 나는 걸까요? 맞습니다. 자신이 게임 속 캐릭터의 관점이 되어 있기 때문입니다.

나는 그런 아들을 바라보며 '그렇게 짜증이 나면 게임을 그만하면 되지, 왜 계속하는 걸까?' 하고 의아해하곤 한답니다.

게임을 즐기는 주체는 캐릭터가 아니라 게임기를 손에 쥔 플레이어입니다.

게임 속 캐릭터에 몰입하거나 캐릭터와 자신을 동일시하면 짜증을 내면서도 그 게임을 계속하게 됩니다. 물론 게임의 묘미는 힘들게 깨는 것이라고 말한다면 개인의 취향이니 존중해 줘야겠지만요.

인생도 마찬가지 아닐까요? 많은 사람이 인생이라는 자기만의 게임 속에서 '나'라는 캐릭터에 완벽히 몰입한 채 살아갑니다. 자신을 괴롭히는 일이나 주변 사람 때문에 힘들어 하고, 상처를 받으면서 어려움을 극복해 나가죠. 쓰디쓴 실패를 경험하기도 합니다. 그러나 아이러니하게도 우리는 힘들면 힘들수록, 괴로우면 괴로울수록 달성했을 때 더 큰 만족을 느끼게 됩니다. 쉽게 이루어지는 일은 시시하다고 여기죠.

물론 관점은 캐릭터 관점입니다. 게임 속 캐릭터가 "나는 왜 언제나 모험만 해야 해? 이제 모험 안 할래!" 하고 선언하지 않는 이유는 다른 관점이 없기 때문입니다. 그 게임의 캐릭터인 자기 자신에게 아무런 의문도 품지 않은 상태인 것이죠.

인생의 주인공인 우리는 지금 눈앞에 놓인 상황이 마음에 들지 않으면 당장이라도 그만둘 수 있습니다. 그러려면 캐릭터 관점이 아닌 플레이어 관점을 가질 수 있어야 하죠. 내가 '가난하고 고생스러운 싱글맘'이라는 게임을 멈출 수 있었던 이유는 이 비밀을 깨달았기 때문입니다.

당신도 당신의 인생 게임을 선택할 수 있습니다.
어떤 게임의 어떤 스테이지에서 살아갈지는 스스로 결정할 수 있습니다. 물론 악당은 하나도 없고 같은 편만 있어서 아이템만 실컷 먹으며 스테이지를 깨는 설정도 얼마든지 가능하죠. 당신의 인생을 어떤 게임으로 만들지는 당신이 어떤 설정을 하는가에 달려 있습니다.

방법은 인생을 우주적 관점(플레이어 관점)에서 바라보는 것입니다. 좀 더 쉽게 표현하자면 객관적인 관점, 관찰자적 시점이라고 할 수 있겠군요. 그런 관점으로 상황을 디자인하면 우주는 당신이 정한 설정에 어울리는 현실을 하나하나 이루어 줍니다.

4

당신이 몰랐던
사실과 환상의 상관관계

> 지금 당신 주변을 이루는 세계는
> 당신의 생각으로 이루어진 세계일 뿐입니다.

캐릭터 관점의 세계에서 보고 느끼는 것은 대부분 '환상'입니다.

실제로 게임을 조종하는 사람은 플레이어입니다. 게임기를 쥔 채 마음에 드는 환상을 만든 다음 캐릭터에 몰입해 그 세계를 즐기는 것이죠.

여기에서 말하는 환상이란 '사실이 아닌 것', 달리 말해

'기분이나 감정, 상상, 생각 등으로 바꿀 수 있는 것'을 의미합니다.

요컨대 사람(캐릭터)의 생각이나 감정은 대부분 환상에 좌우되는 것이죠. 돈이 없다는 말을 예로 들어 볼까요?

갖고 싶은 물건 앞에서 살지 말지 망설여질 때 흔히 "돈이 없어서 못 산다"고 말합니다. 이것이 바로 '환상'입니다. '사실'로 고치면 "지갑(통장)에 ○○○원이 있다"가 정확한 표현이죠.

- '좋은 호텔에 묵었다.'
- '남자친구가 좋은 차를 몰고 데리러 왔다.'

이것도 환상입니다. 사실로 바꿔 볼까요?

- '좋은 호텔에 묵었다.'
  → '리츠칼튼(구체적인 호텔 이름)에 묵었다.'
- '남자친구가 좋은 차를 타고 데리러 왔다.'
  → '남자친구가 벤츠(구체적인 브랜드나 차종)를 몰고 데리러 왔다.'

리츠칼튼이나 벤츠라는 브랜드에 어디까지나 그 사람만의 고정관념인 '좋다'라는 기준을 덧씌워서 바라보는 것입니다. 즉 특정한 단어에서 느끼는 저마다의 특별한 생각은 환상에 불과합니다.

사람은 사실에 환상을 덧씌워서 세상을 바라볼 때 생겨나는 감정을 즐깁니다. 캐릭터 관점의 세계에서 일어나는 상황은 좋은 것이든 나쁜 것이든 모두 환상이 만들어낸 것입니다.

당신은 사실에 어떤 환상을 덧씌워서 세상을 바라보고 있나요? 어차피 환상으로 가득한 세계에서 살아야 한다면 즐겁고 행복한 환상 속에서 살고 싶지 않나요?

그래서 나는 나 자신을 있는 그대로 받아들이기 위해 노트에 감정을 쓰고 사실과 환상을 구분합니다.

5

먼저 복잡하고 모호한
내면을 자각한다

> 현실에서 일어나는 마법은
> 사실 아주 간단한 것에서 시작합니다.

　캐릭터 관점에서 바라보는 환상과 플레이어 관점에서 바라보는 사실을 정확히 구별하려면 머릿속을 잘 정리해야 합니다. 그럼, 이쯤에서 잠시 내가 생각하는 뇌와 우주의 관계에 대해 이야기하겠습니다.

　나는 우리가 '개체'의 감정을 맛보기 위해 태어났다고 생각합니다. 생성과 소멸을 반복하는 은하가 무한하게 펼쳐진 우주, 그 속의 아주 작은 빛 알갱이의 집합체, 그것이 우리 인간이죠.

흔히 우주는 카오스(혼돈)이자 완벽한 질서라고 말하는데, 우리도 그 일부입니다. 그리고 우리 뇌도 우주와 마찬가지로 카오스이자 완벽한 질서를 이루고 있죠.

뇌는 우주와 같다는 말을 들어보셨나요? 뇌의 신경 세포와 우주의 구조는 상당히 유사하다고 합니다. 여기에서 주목할 것은 이론이나 학설이 아니라 뇌가 우주처럼 카오스이자 완벽한 질서라는 점입니다.

무한한 은하가 카오스에서 탄생하듯, 사람의 머릿속에서 생겨나는 생각이나 감정 등도 본인이 깨닫기 전까지는 복잡하기 그지없습니다. 그래서 무의식중에 복잡하고 모호한 현실을 스스로 만들어내는 것이죠.

원하는 인생을 쉽고 간단하게 손에 넣으려면 '자각과 설정'이 필요합니다.

당신이 어떤 생각을 하는지, 어떨 때 어떻게 반응하는지, 앞으로 어떻게 되고 싶은지를 자각하기만 하면 설정은 쉽게 변경할 수 있게 됩니다. 그리고 설정만 하면 당신이 바라던 인생을 만들어 나갈 수 있습니다.

6

노트로 혼돈을 정리하면
'끌어당김의 힘'이 강해진다

머릿속의 감정을 모조리 노트에 꺼내 놓으세요.
그래야만 그것이 필요한 감정인지 아닌지를 판단할 수 있습니다.

몇 년 전쯤 미니멀리즘 열풍이 분 적이 있었죠. 노트를
활용해 자신의 감정과 마주하는 행위는 집안의 불필요한
물건을 버리고 정리하는 과정과 비슷합니다. '머릿속 미니
멀리즘'이라고 할까요?

정리정돈을 잘하는 사람은 보통 머릿속 정리도 아주 잘
합니다. 나는 원래 정리정돈을 잘 못 하지만 지금은 노트

덕분에 머릿속 정리만은 누구보다 자신 있게 되었죠. 그러니 당신도 얼마든지 능숙해질 수 있습니다!

방에 있는 옷장을 열어 보세요. 마음에 드는 옷, 필요 없는 옷, 어울리지 않는 옷이 먼지와 함께 뒤섞여 있지 않나요? 그런 상태에서는 필요한 옷과 불필요한 옷을 구분할 수 없습니다. 옷장을 정리하려면 일단 옷을 전부 옷장 밖으로 꺼내야 합니다. 소중하게 간직하고 싶은 옷과 가방, 지금 당장 버려도 불편하지 않을 만한 옷과 가방을 구분해야 하니까요.

머릿속 정리도 옷장 정리와 마찬가지입니다. 일단 감정을 모조리 노트에 끄집어내야만 필요한 감정인지 아닌지를 판단할 수 있죠. 필요 없는 생각과 감정, 아무짝에도 쓸모없는 먼지와 쓰레기는 당장 내다버리고 소중한 생각, 간직하고 싶은 감정들만 소중히 보관해 두세요.

머릿속을 정리하고 나면 자기 인생을 플레이어 관점에서 바라보기가 아주 쉬워집니다.

게다가 우주의 힘을 끌어당기는 능력도 높아지죠. 다르게 표현하자면 직감력이 높아집니다.

머릿속의 생각을 전부 노트에 쏟아낼 때는 아무런 판단도 하지 말고 느낀 그대로 적으세요. 두서도 맥락도 없이 마구 갈겨써도 괜찮습니다. 그런 과정이 머릿속 생각을 정리하는 결과로 이어지니까요.

노트를 꾸준히 쓰다 보면 자신이 어떤 식으로 생각하는지 패턴을 알게 됩니다. 남겨 두고 싶은 핵심적인 부분(자기 축)과 그만두고 싶은 습관을 구별할 수 있게 되는 것이죠. 그에 더해 자기가 바라는 이상적인 자신의 모습을 어렴풋이나마 머릿속에 그릴 수 있게 됩니다.

여성성은 여러 요소를 통합하는 능력이 뛰어나 창의적 발상을 쉽게 떠올립니다. 상식이나 규칙에 얽매이지 않고 멋있다, 즐겁겠다, 재밌겠다는 긍정적인 영감에 이끌려 새로운 가치를 만들어내기 때문이죠.

머릿속을 정리하면 상상력을 최대한으로 끌어올릴 수 있습니다. 행동력이 남성성의 강점이라면 창의력은 여성성이 가진 특별한 보물입니다. 소중히 갈고 닦아 나가세요. 이 여성성의 힘이 끌어당김이나 마법을 현실로 만들어 줄 테니까요.

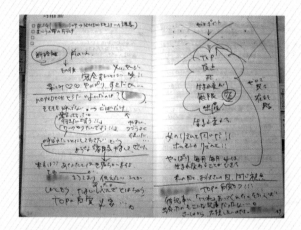

🔺 역시 여성은 매달 다시 태어날 수 있다….

TOP, 정점, 죽음, 환생, 무한, 출산. 다시 태어난다….

이런 식으로 자연스럽게 떠오른 생각을 두서없이 써 내려간 노트입니다. 우선 뒤죽박죽 정리되지 않은 머릿속을 그대로 노트에 적으면 됩니다.

7

소원이
이루어지는 경로

> 끌어당김, 기적, 마법. 언뜻 비현실적인 것처럼 느껴지지만
> 이것은 모두 행복을 달리 표현한 말들입니다.

사실 현실에서의 마법은 아주 평범해 보입니다. 노력의
결실로 여겨질 만큼이나 말이죠. '마법'은 뭔가 놀라운 것이
라는 설정 탓에 막상 내 주변에 마법 같은 일이 일어나도
알아차리지 못하는 사람이 많습니다. 예를 들어 볼까요?

만약 당신이 150만 원짜리 명품 가방을 손에 넣겠다고
결정했다고 치죠. 그러면 가장 현실적인 방법은 '일당 10만

원짜리 아르바이트를 15일 동안 한다'입니다. 그런데 실제로 아르바이트를 시작한 지 얼마 되지 않아 생각지도 못하게 150만 원이 생긴다든지, 마침 사려던 가방이 이벤트 당첨 경품으로 들어온다든지, 부모님이나 친구에게 선물로 받는 일이 생깁니다.

이것이 바로 현실에서 일어나는 마법이나 기적이죠.

기적을 바라며 마음속으로 가방을 끌어당기는 상상만 하는 사람도 적지 않습니다. 하지만 신은 그런 사람을 뻔뻔하다고 여기며 사랑해 주지 않습니다. 마법이나 기적은 꼭 가방을 사겠다고 결정한 후, 아르바이트를 하면서 돈이 모이는 과정을 진심으로 즐기는 사람에게만 일어납니다. 요컨대 소원을 이루는 방법은 아르바이트, 즉 '노력'인 것이죠.

'너무 평범한 거 아니야?'

'아르바이트로 가방을 얻는다면 도대체 그게 무슨 의미가 있어?'

'행동한다면 그건 진짜 끌어당김이 아니지.'

앞에서 예로 든 이야기를 읽고 혹시 이렇게 생각하셨나요? 그렇다면 당신은 끌어당김이란 머릿속으로 간절히 원하기만 하면 이루어지는 것이라고 생각하는지도 모르겠군요. 그러나 내가 생각하는 끌어당김은 좀 더 현실적입니다.

나는 무언가를 결정하면 뭐가 됐든 당장 시도해 볼 만한 아이디어가 번뜩 떠오르게 마련이라고 생각합니다. 떠오르는 아이디어가 없다면 '결정하지 않은 것'으로 간주하죠.

가방 이야기를 예로 들자면, 가방을 손에 넣겠다고 결정한 사람은 아르바이트라는 아이디어를 실행에 옮겼습니다. 사람에 따라서는 애인이나 남편, 부모님에게 사 달라고 조를지도 모릅니다. 일단 매장에 찾아가 무작정 바라보는 사람도 있겠죠. 그렇게 에너지를 쏟으면 어떤 경로를 통해서든 반드시 가방을 끌어당길 수 있습니다. 직접 돈을 벌어서 살 수도 있겠고, 공짜로 얻을 수도 있겠죠.

어쨌든 진심으로 가방을 끌어당기겠다고 결정한 사람은 무엇이 되었든 일단 행동을 시작합니다. 너무 자연스럽게 행동하다 보니 스스로 행동한 줄도 모를 정도죠. 그 결과 우주나 신이 꿈을 현실로 이루어 주는 것입니다.

나는 실제로 내가 생각했던 경로와는 전혀 다르게 소원이 이루어진 경우가 많았습니다. 그래서 먼저 행동한 건 나지만 '소원을 이뤄준 것은 우주 신'이라고 여기며 감사해하죠.

우리는 우주의 일부라는 사실을 잊지 마세요. 여러분이 직접 행동하여 소원이 이루어졌다고 해도 위대한 근원이 도와준 덕분임이 분명합니다. 물론 '행동했기 때문에 소원이 이루어졌다'든지 '신이 소원을 들어 줬다'는 걸 엄밀히 구별할 필요가 없을지도 모르죠. 어쨌거든 끌어당김과 기적, 마법과 같은 단어는 모두 행복을 달리 표현하는 말이니까요.

지금의 내 수입이 실현된 과정을 돌이켜보면, 나는 더 풍요로워지겠다고 결정한 다음에는 반드시 무언가 행동을 시작했습니다.

쇼핑몰에서 판매하는 상품의 가격을 조정하거나 세미나를 기획해서 블로그로 열심히 홍보도 했죠. 그 결과 내가 상상했던 이상으로 수입이 늘어났습니다. 그래서 '이런 게 끌어당김이고, 신이 소원을 들어준 거구나.' 하고 생각하게 되었죠.

만일 지금 내가 매일 1천만 원씩 벌겠다고 결정한다면 당장 무언가 행동하리라 생각합니다. 지금 막 떠오르는 아이디어로는 1천만 원짜리 일대일 맞춤 컨설팅을 기획해서 블로그로 신청자를 모집하거나 세미나를 더 보강해서 수강료를 올릴 수도 있겠군요. 이렇게 행동을 시작하면 내가 떠올렸던 아이디어 외에도 인세로 1천만 원이 들어올지도 모르고 길에서 거액이 든 돈 가방을 주워 주인에게 찾아준 사례금으로 1천만 원을 받을지도 모르죠.

그 밖에도 다양한 방법이 있겠지만 결정한 후에 소원이 이루어지는 경로는 '신에게 맡겨 두는 것'입니다. 반드시 내가 정한 방법으로 이루고야 말겠다고 고집하지 않는 것이죠.

이런 유명한 이야기가 있습니다.

물에 빠진 사람이 '괜찮아. 신에게 살려 달라고 기도했으니까 분명 배가 와서 나를 구해줄 거야.' 하며 구조를 기다렸습니다. 하지만 배는 오지 않았고 결국 목숨을 잃고 말았죠. 저세상에 간 그는 신에게 "그렇게 간절히 기도했는데 왜 저를 살려 주지 않았나요?" 하며 따져 물었습니다. 그러자 신은 이렇게 말했습니다.

"나는 몇 번이나 너를 구해 주려고 나무 조각이나 타이어를 보내 주었다. 그런데 네가 그것을 그냥 흘려보내지 않았더냐?"

그 사람은 소원이 이루어지는 경로를 '배'로 못 박았기 때문에 물에 빠져 죽고 말았습니다. 신이 내려 준 '나무 조각'이나 '타이어'는 무시했죠. 아니, 애초에 눈에 들어오지도 않았을 겁니다. 오로지 배를 찾는 데에만 혈안이 되어 있었을 테니까요.

이 경우 원래 목적은 '목숨을 구해서 삶을 이어나가는 것'이었을 텐데 '배가 와서 구조해 주는 것'이 목적이 되고 말았습니다. 원래 목적을 이루는 데에만 집중했다면 나무 조각이나 타이어를 놓치지 않았겠죠.

내가 말하고자 하는 끌어당김이 무엇인지 전해졌나요?

그건 간절히 기도만 하는 방법보다 훨씬 확실하고 빠르게 소원이 이루어지는 마법입니다.

8

눈앞의 득실에 얽매이면 기회가 날아간다

> 기적은 마법만을 기다리며 아무것도 하지 않는
> 뻔뻔한 사람에게는 절대 일어나지 않습니다.

　행동 없이 결과만 얻고 싶은 사람의 마음속에는 '단, 나는 아무것도 하지 않고'라는 전제가 깔려 있는지도 모릅니다. 다시 말해 마음속 어딘가에 '결과가 확실하지 않은 한 노력하고 싶지 않다, 손해 보고 싶지 않다'는 생각이 자리 잡고 있는 것입니다. 그래서 가만히 노력하지 않고 어떻게든 기적이나 마법만으로 이득을 보고 싶어 하는 것이죠.

그런데 과연 그런 '득실'이 정말 중요한 걸까요?

가방을 갖고 싶은 사람에게 아르바이트가 손해나 노력일까요? 아니, 그렇지 않습니다. 분명 가슴 설레고 만족스러운 시간일 겁니다. 아르바이트를 하면 가방을 살 수 있다는 믿음이 있으니까요. 게다가 기적이나 마법이 일어나지 않는다 해도 아르바이트한 시간은 손해나 단순한 노력이 아닙니다. 인생 경험이 쌓이는 데다 돈이 모이면 확실히 가방을 살 수 있으니까요. 기적이나 마법이 일어나든 일어나지 않든 풍요로움만 있을 뿐입니다.

'손해 보고 싶지 않다', '노력하고 싶지 않다'라고 생각하는 뻔뻔한 사람에게는 아무리 시간이 흘러도 기적이나 마법이 일어나지 않습니다. 아무리 '가방을 끌어당기겠어!' 하며 열심히 이미지를 떠올려도 애초에 '행동하면 손해, 노력하면 손해, 안 좋은 경험은 손해'라는 설정을 갖고 살아가므로 머릿속에 있는 손해가 '현실화'합니다. 그러면 점점 더 '역시 끌어당김 같은 건 없었어', '소원을 빌다니, 괜히 시간 낭비만 했군!', '가방을 끌어당기는 이미지를 떠올리다니, 바보 같은 짓을 했어!', '손해야, 손해!'라는 설정만 더욱 단단해질 뿐이죠.

'내 노력 없이, 일하지 않고, 누군가의 도움으로.'

이렇게 수단을 한정 지으면 모처럼 찾아온 기회를 놓치고 맙니다. 결과적으로 우주 신이 당신의 소원을 이루어 주는데, 과연 그 소원이 이루어지는 경로에 집착할 필요가 있을까요?

결정했다면 당신이 먼저 에너지를 쏟고 행동하세요. 다만 앞에서도 이야기했듯 수단이나 결과는 신에게 맡겨 두세요. 다시 한 번 강조하지만 눈앞의 득실에 얽매이면 소원을 이룰 기회는 저 멀리 날아가고 맙니다.

3줄의 마법 Note tip

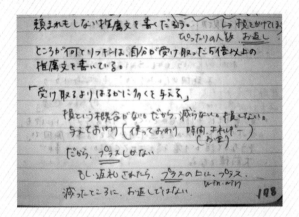

⬆️ '받은 것보다 훨씬 더 많이 준다. 손해라는 개념 자체가 없으므로 가진 것이 줄어드는 일도, 손해 보는 일도 없다. 시간이든 에너지든 돈이든 주고 나면 잊어버린다. 따라서 플러스만 존재한다. 만일 보답을 받으면 플러스 위에 플러스다'라고 적은 노트입니다.

이것이 득실에 휘둘리지 않는 비결입니다.

9

머릿속의 계산기가
만들어내는 함정

> 돈의 신에게 사랑 받고 싶다면 지금 가진 돈과 물건을
> 즐거운 마음으로 최대한 사용하세요.

　'행동하면 손해야!', '노력하면 손해야!' 이렇게 생각하는 사람들은 돈도 득실로만 계산하는 경우가 많습니다. 순식간에 머릿속으로 비용 대비 효과를 저울질하는 사람, 이득이라면 덮어 놓고 좋아하는 사람은 최소한의 투자로 최대의 이익을 얻는 데만 관심이 쏠려 있습니다.

　요컨대 풍요로움과 부유함의 기준이 '가성비'인 것이죠.

적은 투자로 많이 살 수 있으면 최고, 적은 정성으로 많이 받을 수 있으면 최고, 적은 노력만 들여도 사랑해 주는 사람이 최고.

노력이나 정성, 돈을 들였다가 손해 볼까 봐 늘 불안해합니다. 항상 머릿속으로는 '내가 투자한 것보다 많이 받을 수 있을까?' 하며 계산기를 두들기죠. 대가 없이 주는 것은 무조건 손해라고만 생각합니다.

또 남에게 무언가를 받으려 하지 않는 사람은 좋은 사람, 배려 깊은 사람이라는 이미지가 있습니다만, 나는 그런 사람이야말로 인색하고 욕심 많은 가난뱅이라고 생각합니다.

'네가 주면 나도 줄게', '내가 이만큼 줬으니까 너도 그만큼 돌려줘', '이만큼 받았으니 나도 받은 만큼 돌려줘야지.' 언제나 이런 식으로 머릿속에 기록하고 계산하죠.

이런 설정이 있는 한 받으면 받을수록 손해입니다. 부(富)란 유한한 것이므로 어딘가에서 이득을 보면 반드시 어딘가에서 손해 보게 마련이라고 굳게 믿기 때문이죠. 언젠가 되돌아온다는 조건이 없는 한 흔쾌히 돈을 쓰지 못하는 사람들은 자기가 그렇다 보니 남이 무언가를 주더라도 편하게 받지도 못합니다. 그래서 풍요로워질 찬스가 다가와도 붙잡지 못하죠. 자기만 부유해지는 것은 물론, 상대만 부유해지는 것도 인정하지 못합니다. 그러다 보니 언제나 '이도 저도 아닌' 어중간한 현실이 이루어지고 말죠.

정말 안타까운 일 아닌가요?

돈을 득실로만 따지면 손해인지 이득인지 계산하느라 눈앞에 있는 풍요를 깨닫지 못합니다. 순환해서 자기에게 돌아온 풍요를 받아들이지 못하고 어이없이 놓치고 말죠. 이것이 돈을 득실로만 따질 때 빠지는 함정입니다. 우주신은 어떤 행동, 어떤 경험에서든 풍요로움과 부유함을 느끼는 이에게 더 큰 풍요를 주고, 손해 보지 않으려는 사람에겐 더 큰 손실을 줍니다. 어떤 경험이든 재산으로 여기며 인생을 즐기는 사람에게만 마법이나 기적이 일어나고 돈의 신이 다가옵니다.

만일 당신이 지금 돈이 필요하거나, 더 많이 갖고 싶거나, 돈 문제로 고민하고 있다면 '돈을 득실로만 따지는 설정'이 있는지도 모릅니다.

지금 당장 노트를 펼치고 당신이 가진 '손해와 이득에 대한 감정'을 적어 보세요. 돈이란 무엇이라고 생각하나요? 불안이든 불만이든 상관없습니다. 당신이 느끼는 대로 솔직히 적어 보세요.

3줄의 마법 Note tip

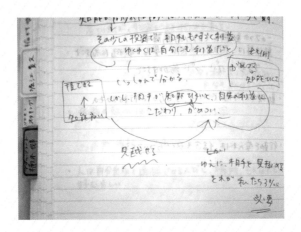

💠 '영리한 사람은 남이 성공할 수 있도록 돕는다. 자신의 도움이 상대에게 이익이 되고 결국 자신에게도 이익으로 돌아오리라는 사실을 은연중에 알고 있기 때문이다. 어리석은 사람은 득실을 계산하고 영리한 사람은 손해를 기꺼이 받아들인다'라고 적혀 있습니다.

어리석은 사람은 눈앞의 이익에 집착하고 탐욕스럽게 굽니다. 하지만 돈의 신에게 사랑 받는 사람은 자기가 쓴 돈과 에너지가 부와 행복한 추억을 늘려 준다고 생각합니다. 그래서 풍요로움과 부유함은 빼앗기는 것도 줄어드는 것도 아닌 점점 늘어나는 것이라고 생각하죠.

10

돈이나 숫자로
환산할 수 없는 것

> 풍요로움이란 소유하는 게 아니라 느끼는 것입니다.
> 돈도, 돈으로 산 물건도, 사용할 때의 감각이 쌓여 부유함을 낳습니다.

나는 아오모리에 살아서 도쿄를 오갈 때면 주로 신칸센 (고속철도)을 탑니다. 좌석은 일반석보다 두 배 비싼 그랜클래스Gran Class를 애용하죠.

그랜클래스는 정말 쾌적합니다. 다른 차량보다 좌석 수가 적어서 다리를 쭉 펴도 될 만큼 공간이 넓고, 식사와 간식, 술과 음료도 원하는 만큼 마실 수 있습니다. 늦게 도착

해서 열차를 놓쳤을 때는 추가 요금 없이 바로 다음 편을 이용할 수도 있죠.

지금이야 이런 풍요로움을 진심으로 감사히 여기며 마음껏 누리지만, 처음 그랜클래스 티켓을 샀을 때의 일은 지금도 잊을 수 없습니다.

그 당시에 나는 '언젠가 돈을 많이 벌면 풍요로운 공간에 돈을 쓰고 싶다'고 생각했습니다. 그래서 '다음에 도쿄에 갈 때는 그랜클래스를 타자!' 하고 결정했죠. 그런데 막상 역 창구 앞에 도착하니 일반석 티켓보다 2배 더 비싼 그랜클래스 티켓을 사는 데 거부감이 들었습니다.

'고작 2시간 반을 위해 이렇게 돈을 들인다고?'
'이 돈으로 일반석 티켓을 사면 왕복을 할 수 있어!'
'30만 원이면 내가 갖고 싶은 다른 걸 살 수 있다고!'
'굳이 비싼 좌석을 타는 게 무슨 의미가 있겠어? 일반석이면 충분하지.'
'사치하면 안 돼! 이런 식으로 돈 쓰면 천벌 받아!'

이런 생각이 자꾸만 발목을 붙잡아서 결국 티켓을 사

지 못한 채 발길을 돌렸습니다. 그러고서는 '티켓을 살 돈이 있는데 왜 못 샀을까?', '그럼 도대체 언제 타 볼 건데?', '정말 안 사기를 잘한 걸까?' 이런 생각을 하며 집으로 향하는데 왠지 눈물이 핑 돌 만큼 우울해졌습니다. 그래서 나 자신에게 '아무런 불안도 없다면 어떻게 하고 싶어?' 하고 질문해 봤죠. 답은 '역시 그랜클래스를 타 보고 싶어!'였습니다.

그 후 다시 역으로 되돌아갔습니다. 물론 그랜클래스 티켓을 사기 위해서였죠.

내 '인생의 스테이지'가 바뀌는 계기가 된, 지금까지도 잊을 수 없는 에피소드입니다. 그때 느낀 두려움, 불안, 슬픔, 갈등의 감정은 마음속에 소중히 간직해 두었습니다. 그 경험은 부유함이란 계산기를 두드리는 것도, 무언가와 맞바꾸는 거래도 아니라는 사실을 새삼 깨닫게 해 주었습니다. 진정한 풍요로움은 그 돈이면 신칸센을 몇 번 더 탈 수 있다든가, 다른 무언가를 할 수 있다든가 하는 게 아니라는 사실을 깨달은 것이죠.

한 번보다 열 번이 더 풍요로울까요? 1천 원보다 1만 원이 더 풍요로울까요?

풍요는 숫자나 횟수로 헤아릴 수 있는 게 아닙니다. 물론 돈으로 환산할 수 있는 것도 아니죠. 나는 그랜클래스가 비싼 좌석이라서 타고 싶었던 게 아닙니다. 그랜클래스를 탔을 때의 기쁨과 쾌적함에 가치를 느꼈던 것이죠.

다만 어느 쪽을 선호하는지는 사람마다 다릅니다.

나는 그랜클래스의 여유로움을 좋아합니다. 표면적인 숫자나 양보다는 질 좋은 경험을 쌓아 나가는 것을 더 중요하게 여기죠.

자신에게 '돈도 시간도 걱정할 필요가 없다면 솔직히 어떻게 하고 싶어?' 하고 질문해 보세요. 정말 돈을 끌어당기고 싶다면 절약에 의식을 집중하지 마세요.

돈은 더 풍부한 경험을 쌓을 수 있도록 도와주는 '수단'입니다. 돈도, 돈으로 산 물건도, 쓸 때 느끼는 감각이 쌓여서 풍요와 부를 낳는 거죠. 결국 자기가 진정 행복하고 풍요롭다고 느낀다면, 어떤 선택을 하든 상관없다는 의미입니다.

경험에 쓰는 돈과 시간을 아끼지 말자고 다짐한 노트입니다. '멋진 곳에 가고 근사한 경험을 하는 데 더 많은 돈과 시간을 쓰면 나는 그때마다 성장할 것이다'라고 쓰여 있습니다.

삶의 질을 높이라고 말하면 불안이나 공포를 느끼거나 나중에 후회할까 봐 걱정돼서 이렇게 마음먹는 사람이 많습니다. 하지만 그런 사람은 돈이 생겨도 무서워서 쓰지 못합니다. 그러나 돈은 쓰지 않는한 영원히 들어오지 않습니다.

'돈이 없어지는 게 싫다'는 건 '돈을 쓰고 싶지 않다'는 설정입니다. '조금이라도 절약하재'라는 건 '가난하게 살고 싶다'는 설정입니다. 돈을 쓰더라도 이런 설정을 갖고 있으니 '돈은 필요 없어요'라는 소원이 이루어지는 것이죠.

11

'버린 돈'이란
존재하지 않는다

> 돈을 썼을 때 생기는 모든 감정을 제대로 음미하세요.
> 그것만 해도 인생은 풍요로워집니다.

"옷가게 직원이 추천해 준 옷이 예뻐 보여서 샀는데, 막상 집에 와서 입어 보니 별로더라고요. 돈을 버렸구나 싶었죠."

이런 이야기, 한 번쯤은 들어 보지 않으셨나요?

'생각했던 것과 달라.'

'쓸모없어.'

'후회돼.'

'돈값을 못 하잖아.'

'돈 버렸어.'

이런 식으로 생각하는 사람은 절대로 돈의 신에게 사랑받지 못합니다! '풍요'는 숫자나 돈으로 환산할 수 없습니다. 따라서 헛돈, 버린 돈이라는 사고방식 자체가 불가능하죠.

돈을 쓰고 나서 정말로 후회된다면 '나는 왜 후회하는 걸까?', '무엇을 후회하는 걸까?', '정확히 어떤 부분이 후회되는 거지?' 하고 자신의 술렁이는 감정을 깊이 파고들어 봐야 합니다. 그러면 '나는 여기에 이만큼의 돈을 들이기는 아깝다고 생각하는구나', '나는 이런 선입견을 품고 있었구나.' 등 자신이 돈에 대해 어떤 설정을 가졌는지 보이기 시작합니다.

자신의 감정을 깊이 들여다 본 후에도 여전히 돈이 아깝고 돈을 쓰는 게 괴롭게 느껴진다면 아직 스테이지를 변경할 준비가 안 된 것인지도 모릅니다. 또는 금액이 아니라 서비스의 질이나 매장 직원의 태도가 불만이었는지도 모르죠.

이런 식으로 자신의 감정과 똑바로 마주하지 않은 채 그저 '헛돈 썼네!', '이 돈은 버린 셈 치자!' 하고 돈 탓으로 돌리며 없었던 일로 친다면, 스스로 '버린 돈'을 만들어내고 있는 것에 지나지 않습니다. 후회라는 감정이 생겼을 때 그 감정과 똑바로 마주하고 받아들인 사람에게 그 돈은 경험의 대가입니다. 따라서 풍요만이 존재하죠.

세상에는 헛돈도 버린 돈도 존재하지 않습니다.

돈을 썼을 때 생기는 감정을 음미하는 것은 대단히 중요합니다. 부유함이란 금액의 크고 작음이 아닙니다. 돈을 썼을 때 느끼는 기쁨도 슬픔도 모두 부유함이죠. 또한 큰돈을 많이 써 보면 써 볼수록 적은 돈을 썼을 때도 풍요를 느낄 수 있게 됩니다. 풍요에 대한 감도가 높아지기 때문이죠.

그래서 편의점 커피를 마셔도, 편의점 도시락을 먹어도 '싸고 간편한 데다 맛까지 있다니! 정말 감동이야!' 하고 풍요를 느낄 수 있게 됩니다.

헛돈이나 버린 돈이 존재하는 까닭은 마음속에 손해와 이득이라는 개념이 있기 때문입니다.

앞에서 이야기한 승패의 세계와 마찬가지로 '득실의 세계'에서 살아가고 있는 것이죠.

누군가에게 이기면 누군가에게는 반드시 지는 세계, 어딘가에서 이득을 봤다면 다른 곳에서는 반드시 손해 보는 세계. 이런 세계에서 살아가는 게 괴롭지 않나요?

득실이 없는 세계에서는 어디에 어떻게 돈을 쓰든 반드시 풍요로 이어집니다.

12

나와 돈의 관계부터
바로잡기

> 풍요로움이란 금액의 크고 작음이 아닙니다.
> 돈을 썼을 때 느끼는 기쁨도 슬픔도 모두 '풍요로움'입니다.

　우리는 세금을 내거나 비싼 물건을 살 때 '돈을 빼앗겼다'는 색안경을 끼기 쉽습니다. 하지만 돈은 **빼앗기는 것도 빼앗는 것도 아닙니다. 순환하는 것이죠.**

　기분이 좋아지는 일에 기꺼이 돈을 순환시키고 그와 맞바꾼 풍요로움을 감사한 마음으로 누려야 합니다. 돈을 이런 식으로 바라보는 사람 곁에서는 돈이 원활하고 풍성하게 순환합니다.

예를 들어 당신이 손해 보지 않도록 인터넷에서 최저가를 샅샅이 뒤진 후에 가장 저렴한 곳에서 가전제품을 샀다고 가정해 보죠. 그때 포인트 없이 정가에 샀더라도 충분히 만족할 만큼 아무런 타협도 없이 그 제품을 선택했을까요? 다시 말해 그 물건을 사면서 '돈을 써서 정말 행복해! 돈아, 정말 고마워!' 하는 생각이 절로 들 만큼 풍요로움과 행복을 느꼈을까요? 혹시 당신은 포인트를 쌓거나 물건을 싼값에 샀을 때 느끼는 즐거움으로 당신을 기쁘게 하지는 않았나요?

포인트를 모으거나 조금이라도 물건을 싸게 샀을 때 느끼는 기쁨을 진심으로 즐긴다면 물론 괜찮습니다. 당신의 현실은 당신이 스스로 선택해서 즐기는 것이니까요. 어떤 세계에서 어떤 감정을 느끼며 즐길지에 대한 결정권은 당신 자신에게 있습니다.

그렇다면 당신은 현재 돈과 어떤 관계에 있나요? 당신은 돈의 주인인가요? 돈의 노예인가요? 아니면 돈의 친구인가요?

돈의 주인은 돈으로 타인을 굴복시키거나 조종하는 사람입니다. 돈의 노예는 늘 돈 걱정만 하면서 어쩔 수 없이 돈을 비는 사람, 모든 것을 돈 탓으로 돌리며 아무것도 하지 못하는 사람입니다. 그리고 돈의 친구는 돈과 즐겁게 관계를 맺을 수 있는 사람, 인생의 파트너라고 생각하는 사람이죠.

돈의 주인이거나 돈의 노예인 사람은 승패의 세계에서 살아갑니다. 계속해서 돈 위에 서서 군림하려 들고, 돈이 가져다주는 가치보다는 돈 자체에만 관심을 갖습니다. 그러나 이런 세계에서 살아가는 한 영원히 행복을 얻을 수 없습니다.

반면 돈이 친구인 사람은 풍요만이 존재하는 대등한 세계에서 살아갑니다. 그리고 이런 풍요가 순환하는 대등한 세계를 실현하려면 돈을 득실로 따지지 말아야 합니다.

돈은 당신의 인생을 풍성하게 해 주는 파트너입니다. 돈에 휘둘리지도 휘두르지도 않으며 대등한 파트너로서 풍요로운 관계를 맺어 가세요. 그러면 우주는 당신에게 충분한 돈을 안겨줍니다.

돈의 신은 늘 당신을 지켜보고 있으니까요.

3줄의 마법 Note tip

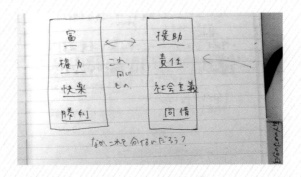

 책을 읽고 마음에 남는 구절은 노트에 옮겨 적습니다.
'부, 권력, 쾌락, 승리' ⟷ '원조, 책임, 사회주의, 동정심. 둘 다 같은 것
인데 왜 구분하는 걸까?' 하며 혼자서 열심히 토론한 노트입니다.
노트는 누구에게도 방해받지 않고 혼자서 마음껏 토론할 수 있는 공
간입니다. 나는 이 토론을 계기로 많은 사람이 간단하게 행복을 얻지
못하는 이유가 승패의 세계에서 살아가기 때문이라는 사실을 깨닫게
되었습니다.

나에게 돈이란 무엇인가

부자는 언제 어떤 상황에서든 자기 자신에게 가장 먼저 투자합니다. 저금을 최우선으로 생각하는 부자도 있지만 '허리띠를 바싹 졸라매는' 저금과는 차원이 다릅니다. 그러나 가난한 사람은 언제나 자신을 뒤로 제쳐 두죠.

이제부터 당신이 돈에 대해 어떤 설정을 갖고 있는지 알아봅시다. 연상게임을 하듯 '나에게 돈이란?' 질문에서 시작해서 이미지를 확장해 보세요.

돈이란?

돈이란? → 사랑 → 사랑이란? → 받을 수 없는 것

⇩

돈에서 '받을 수 없는 것'을 연상하는 사람에게는 '돈이란 언제나 부족해서 간절히 바라는 것'이 되고 맙니다.

돈이란? → 나를 자유롭게 하는 것 → 자유란? → 나쁜 것

⇩

돈은 '나쁜 것'이라는 설정이 있으므로 돈을 많이 버는 것을 죄악시 할지도 모릅니다.

돈과 자유를 한데 묶어 생각하는 사람들은 아주 많습니다. 하지만 자유는 돈에 좌우되는 게 아닙니다. 돈이 있다고 자유로워지는 것도, 돈을 많이 번다고 자유를 잃는 것도 아니죠.

우선은 돈과 자유를 따로 분리해서 생각하는 것부터 시작해 보세요!

2장

숨겨진 감정에
정직해지기

돈의 신은 솔직한 사람을 좋아한다

13

한 달 수입이 100만 원에서
1억4000만 원으로

> 쉽게 행복과 풍요로움을 얻는 비결은 아주 간단합니다.
> 노트를 쓰세요!

　일단 감정에 몸을 맡긴 채 마음속에 있는 모든 생각을 노트에 쏟아내세요. 쓰다 보면 감정이 격해져서 마구 소리치며 머리를 쥐어뜯고 싶어질 때도 있습니다. 나 역시 그랬으니까요.

　분하고 화나고 억울하고 슬프고 우울해져도 괜찮습니다.

글로는 다 표현할 수도, 가라앉힐 수도 없을 것만 같은 감정을 있는 그대로 솔직하게 노트에 털어놓으세요.

긍정적인 감정도 부정적인 감정도, 욕도 신세 한탄도 화풀이조차도 괜찮습니다. 이것이 '노트 쓰기의 첫걸음' 입니다.

감정을 있는 그대로 쏟아내고 난 다음에는, 자신을 냉정하게 바라보는 단계로 나아갑니다. 이때 자신의 감정을 똑바로 바라보는 것이 아주 중요합니다.

'내 감정을 내가 모를 리 있겠어?'

이렇게 생각하시나요? 그런데 감정은 의식적으로 마주하지 않으면 그대로 흘러가 사라져 버립니다. 의외로 자신의 감정을 외면해 버리는 사람도 아주 많죠.

'조금 화가 나긴 하지만 그냥 넘어가자.'

'저 사람, 방금 나를 무시한 거지? 아니야, 착각일 거야.'

'아까 그 일은 정말 슬펐으니까, 오늘은 일찍 자자. 내일 일어나면 언제 그랬냐는 듯 괜찮아질 거야.'

이런 식으로 감정을 없었던 것으로 치부하거나 자기

자신을 속인 적이 있지 않나요? 예전에 나는 자주 그랬습니다!

들뜨고 설레는 감정은 몇몇 경우를 제외하고는 마음껏 즐기면 됩니다. 문제는 분노나 걱정, 우울함 같은 부정적인 감정이 생겼을 때죠. 하지만 그럴 때야말로 자신을 꽁꽁 옭아매고 있던 설정이 무엇이었는지 깨달을 절호의 찬스입니다. 그런데 대부분의 사람은 부정적인 감정을 일시적인 것이라 여기며 무시하고 외면하려고만 하죠.

"~게 해주세요!"라는 소원을 빌기에 앞서, 반드시 지금의 자신과 똑바로 마주하는 과정을 거쳐야 합니다. 자신의 감정과 마주하는 단계를 건너뛰면 아무리 소원을 빌어 봤자 그 자리를 뱅글뱅글 맴돌 뿐이니까요.

3줄의 마법 Note tip

 있는 그대로의 감정을 빼곡히 담은 내 노트입니다. 노트에는 글만 쓰는 게 아니라 여행했던 곳의 입장권, 항공권, 호텔 명함, 매장 명함, 티켓 등도 붙여 둡니다.

나처럼 대충대충 흘려 써도 상관없습니다. 또박또박 깔끔하게 쓰겠다고 마음먹는 순간 자신을 솔직하게 드러낼 수 없어지니까요.

'꾸준한 노트 쓰기'야말로 무엇보다 내 한 달 수입이 2년 만에 100만 원에서 1억4천만 원까지 껑충 뛴 '비밀의 습관'입니다.

14

외부에 쓰는 에너지를
내부로 돌려라

> 다른 누구도 아닌 자신과 마주하기 위해
> 노트 쓰는 시간을 마련하세요.

"딱히 쓸 게 없어요."

노트 쓰기를 추천하면 가장 많이 돌아오는 대답입니다.

누구나 한 번쯤은 다이어리나 일기를 쓰겠다고 결심한 적이 있을 겁니다. 하지만 대부분은 얼마 못 가 포기하고 말죠. 왜 그럴까요?

나는 3줄 노트 쓰는 법을 알려 주는 세미나를 자주 엽니다. 이 세미나는 총 2회로 구성되는데 결코 저렴하다고 할만한 가격은 아닙니다. 나는 그곳에 참석한 분들에게 1회차를 마칠 때마다 "가능한 한 매일 노트를 써 보세요. 도저히 시간이 안 난다면 가능한 범위 내에서 시도해 보세요." 하고 과제를 내 드립니다. 참석자들은 처음엔 어렵지 않다는 얼굴을 하지만, 막상 한 달 뒤 2회 차 세미나 날이 되면 노트를 한 번도 안 쓴 사람, 몇 번 쓰다 만 사람이 대부분입니다. 이유를 물으면 대부분 이렇게 답하더군요.

"요즘 일이 많아서 시간이 없었어요."
"퇴근하고 집에 돌아오면 너무 피곤해서 도저히 못 쓰겠더라고요."

상황은 충분히 이해가 가죠. 누구나 시간에 쫓기며 하루를 바삐 보내니까요. 회사 일, 집안일, 육아, 개인적인 약속 등 해야 할 일이 산더미처럼 쌓여 있을 겁니다. 그러나 그럼에도 나는 이렇게 바꿔 말합니다.

"시간이 없었던 게 아니라 '시간을 내지 않았던' 겁니다."

"피곤해서 못 쓴 게 아니라 '피곤해서 안 쓴' 겁니다."
"쓸 내용이 없었던 게 아니라 '쓰기 귀찮았던' 겁니다."

노트를 쓰지 않은 이유는 저마다 다르지만, 가만히 들여다보면 시간을 내지 않는 진짜 이유는 대부분 '피곤해서'입니다.

사실 내면의 감정과 마주하려면 에너지가 아주 많이 필요합니다. 아주 고된 일이 되기도 하죠. 다들 무의식중에 그 사실을 잘 알고 있기에 하루 일을 끝마친 고단한 상태에서는 노트를 마주할 마음의 여유가 없는 걸지도 모릅니다. 하지만 이런 일이 반복되면 자신의 감정을 외면하고 싶어서 바쁘다, 피곤하다는 변명 뒤에 숨는 것이 습관화 됩니다. 그리고 언젠가 이것은 자신의 발목을 잡게 되죠.

한번 생각해 보세요.

우리가 하루에 쓸 수 있는 에너지에는 한계가 있습니다.

그 한정된 에너지를 자신의 감정과 마주하는 데 쓰는 게 나을까요, 아니면 일이나 다른 사람을 위해 쓰는 게 나을까요?

노트를 쓸 기운도 남지 않을 만큼 야근을 하거나 사람을 만나며 남의 기분을 맞춰 주느라 소진한 에너지…. 그런 에너지를 자기 자신과 마주하는 데 쓰는 게 훨씬 낫지 않을까요?

피곤하고 졸려서 노트를 쓰지 않는 것은 자신을 뒤로 제쳐 두는 것이나 마찬가지입니다. 자신의 감정을 방치하는 것은 자기 인생을 방치하는 것이나 다름없죠.

또한 노트를 꾸준히 쓰지 못한다는 건 자신의 감정을 외면하거나 기만하며 스스로 자신을 홀대하고 있다는 증거이기도 하죠.

인생을 바꾸고 싶다면 우선 노트 쓸 시간을 만들고 습관화하세요! 이것은 자신을 삶의 우선순위에 두는 방식 중 하나입니다. 그것만으로도 '지금'과 '내일'이 분명 변화될 거라 장담합니다.

3줄의 마법 Note tip

⬆ 한 권 한 권 늘어나는 노트를 보면 나 자신에게 얼마만큼 많은 에너지를 투자했는지 새삼 깨닫게 됩니다. 노트나 일기를 꾸준히 써 왔다면 전부 꺼내서 차곡차곡 쌓아 보세요. 자기 자신과 마주한 시간은 당신을 절대로 배신하지 않습니다!

15

감정은 온전히
나만의 놀이임을 기억하라

> 왜 마음이 전해지지 않는 걸까?
> 어떻게 해야 제대로 전해지는 걸까?

혹시 왜 자신의 마음이 상대에게 제대로 전달이 되지 않는지 고민해 본 적이 있나요? 남편이나 애인, 친구, 부모님, 자식처럼 마음을 나누고 싶은 상대에게 답답함을 느낀 적은요?

'내 감정을 완벽하게 공유할 수 있다면 얼마나 좋을까?' 라는 생각을 한 번쯤 해 본적 있지 않나요?

지금부터 아주 중요한 이야기를 하겠습니다. 이 이야기는 노트 쓰기에 앞서 지금부터 다룰 모든 내용의 대전제이니, 꼭 기억해 두세요!

당신도 알다시피 누군가에게 감정을 고스란히 전달한다는 건 불가능한 일입니다. 마음도 감정도 자기만의 것이기 때문이죠. 무엇을 어떻게 느끼든 감정은 나만의 것입니다. 감정은 다른 사람과 온전히 공유할 수 없기에 오해와 엇갈림을 만들기도 합니다. 그래서 사랑하는 사람과 생각이나 감정이 통했을 때 우리는 기쁨을 느끼는 것이죠.

감정이란 대체 무엇일까요?
감정이란 왜 존재하는 걸까요?

나는 어릴 때부터 하늘과 별 보기를 좋아했습니다. 하늘 너머 끝없이 펼쳐진 우주는 정말 매력적이었죠. 하지만 동시에 정체 모를 불안을 느끼게 하는 존재였습니다. 그리고 학교에서 별이나 은하, 태양계 같은 우주의 구조를 배우고 알아갈수록 내가 존재하는 우주에 더 큰 경외심을 품게 되었죠.

여러분도 알다시피 이미 우주의 구조와 구성에 대해 많은 것이 밝혀졌습니다. 그러나 우주가 왜 탄생했고 그 끝은 어떤 모습인지 그 근원은 아직 밝혀내지 못했죠. 인터넷만 있으면 세계 어디와도 연결되는 시대이지만 우주에 관해서는 우린 아직 모르는 것투성이입니다. 즉 지금의 진실은 우리가 우주의 무한성을 '알지 못한다는 것'입니다.

무한한 우주에는 은하가 있고, 태양계가 있고, 지구가 있으며, 우리가 있습니다. '우주'라는 크나큰 존재를 전체로 본다면 우리 한 사람 한 사람은 아주 작은 존재, 별의 조각에 지나지 않죠. 하지만 우리는 틀림없는 '개체'입니다. 맞습니다! 앞에서도 언급했다시피 우리는 개체를 느끼기 위해 태어난 존재입니다. 그리고 개체만이 맛볼 수 있는 것, 그것이 바로 감정이죠.

우리는 왜 이곳에 존재하는 것일까요? 나는 우리가 감정을 맛보기 위해 태어났다고 생각합니다. 이렇게 생각하면 어떤 감정이든 내 안에서 일어나는 것은 소중하고 사랑스러운 '나만의 것'이라 할 수 있죠.

다시 말해 기쁨도, 분노도, 슬픔도, 즐거움도, 모두 나만의 감정입니다. 세상의 일부, 우주의 일부로 태어났기에 맛볼 수 있는 '특별함'이죠.

이런 생각에 순순히 고개가 끄덕여지지 않아도 좋습니다.

머릿속 어딘가에 '어쩌면 그럴지도 모르겠다'는 생각이 든다면 그것만으로도 충분합니다. 그 가능성을 열어두는 것만으로도 당신이 원하는 변화는 눈에 띄게 속도를 더할 테니까요.

16

돈의 신은 솔직한 사람을 돕는다!

> 어느 날 문득 이런 생각이 들더군요.
> '나는 돈이 없어도 행복하다고 그저 믿고 싶을 뿐인 게 아닐까?'

우리는 자신에게 우주의 무한한 에너지를 가져다주는 존재를 보통 '신'이라고 부릅니다. 그리고 전 세계 인구의 95퍼센트는 신의 존재를 믿고 있습니다. 여러분도 꼭 특정 종교를 믿지는 않더라도 신이 있다고 생각하지 않나요?

나는 거대한 존재나 우주, 신 같은 존재가 나를 살아 숨 쉬게 한다고 생각합니다. 여담이지만 어릴 때는 하늘에 나를 지켜보는 눈이 있다는 느낌이 들어 두려움에 떨곤 했습니다.

나는 신은 어떤 사람이든 응원하고 도와준다고 믿습니다.

신은 당신이 꿈꾸는 세상을 그대로 실현해 줍니다. 있는 그대로의 진짜 감정을 똑바로 바라보고, 어떻게 하고 싶고, 어떻게 되고 싶은지 솔직하고 뚜렷하게 결정하면 신은 당신이 원하는 소원이 이루어지도록 도와줍니다.

만일 솔직한 감정을 마음속 깊이 봉인한 채 자존심을 앞세우거나 이득만 따지며 가식적인 소원을 빈다면 어떻게 될까요?

그 사람이 마음속에 그린 가식적인 세계를 신은 그대로 이루어 줍니다. 솔직히 '더 우아하게 살고 싶다'고 생각하면서도 자기 자신조차 속이며 '돈이 없어도 행복하다'는 거짓 소원을 빌기 때문이죠. 그러고는 '내가 바란 건 이게 아닌데…' 하며 소원을 이루어 준 신에게 감사하기는커녕 그 존재조차도 깨닫지 못합니다.

이처럼 대부분의 사람이 신의 존재를 알아차리지 못하는 까닭은 솔직하지 않기 때문이죠.

자신의 진짜 감정을 직시하지 않은 채 일그러진 소원을 꿈꾸면 신은 일그러진 그 현실을 이루어 줍니다. 바꿔 말해 지금의 현실은 당신이 소원했던 미래를 신이 120퍼센트 들어 준 결과인 것이죠.

'나는 절대로 이런 현실을 바란 적이 없어!'라고 생각하나요? 그렇다면 당신은 진짜 감정과 툭 터놓고 마주한 적이 없는지도 모릅니다. 아니면 '이 상황에서는 이게 최선이야'라는 고정관념에 사로잡혀 그것이 자기가 원하는 설정이 아니라는 사실조차 깨닫지 못 하고 있는 건 아닐까요?

우선 자기 자신에게 솔직해지세요. 진짜 감정과 마주하세요.

당신이 어떤 현실을 원하는지, 어떤 나날을 꿈꾸는지, 자신과 똑바로 마주하며 느낀 솔직한 감정을 노트에 적어 보세요.

아무리 유치한 내용이라도, 아무리 거창한 소원이라도, 노트는 절대 'NO!'라고 말하지 않으니까요. 단언컨대 제 말을 믿어 보셔도 좋습니다.

3줄의 마법 Note tip

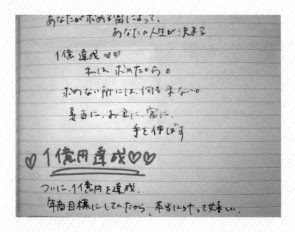

⭕ 저는 솔직하게 돈과 부유함에 손을 뻗은 결과 연 매출 10억 원을
달성했습니다!

17

지름길은 현실을 마주하는
고통 뒤에 숨어 있다

> 지금의 현실을 바꾸려면
> 사실 그대로의 지금 내 모습을 똑바로 바라봐야 합니다.

"제가 솔직해지면 기분 나빴던 일이나 욕설, 불평불만만
늘어놓을 것 같아요."

솔직해지라고 말하면 이렇게 답하는 사람이 참 많습니
다. 나는 그때마다 "어떤 감정이든 있는 그대로 기꺼이 받
아들이세요"라고 말합니다. 그러면 대부분 어리둥절한 표
정을 짓곤 하죠.

내가 하고 싶은 말은 감정에는 좋고 나쁨이 없다는 것입니다. 어떤 감정이든 당신만이 느끼는 단 하나뿐인 생각입니다. 절대 억누르려 하지 말고 소중하게 대해 주세요.

물론 자기가 비참하거나 한심하게 느껴질 때는 그런 감정을 직시하기가 쉽지 않습니다. 그래서 한심한 나, 이상적인 나와는 전혀 다른 자신과 마주해야 할 때면 무조건 '긍정 마인드'를 발휘하려 하는 사람도 적지 않죠. 나도 예전에는 그랬습니다.

아이 하나를 데리고 이혼한 후 미혼인 상태로 둘째를 낳았던 6년 전.

낡아서 욕실의 물이 얼 정도로 외풍이 심한 집을 '고풍스럽다'고 긍정적으로 받아들이려 했습니다. 한 달 수입이 100만 원이 될까 말까 했지만 '나는 빠듯한 형편에도 최선을 다하는 싱글맘'이라며 그럭저럭 좋아하는 일을 하고 있으니 만족한다고, 나름 행복한 나날을 보내고 있다고 스스로를 다독였죠.

그러던 어느 날, 피곤한 몸을 이끌고 이불 속에 들어가 멍하니 너덜너덜한 벽지를 쳐다보고 있다가 문득 이런 생각이 들었습니다. '나는 이런 낡아빠진 집이 어울리는 사람인 걸까? 그런데도 행복하다고 생각하는 건 이런 허름한 집이 좋다는 거잖아. 뭐야, 그럼 결국 나는 이런 집이 나한테 어울린다고 생각하는 거네?'

그 순간 '지금'이 정말 싫어졌습니다. 그리고 진심으로 자신이 근사하고 넓고 따뜻한 집에서 살고 싶어 한다는 걸 알았죠. 또 일에 찌든 스스로를 돌아보며 쉽고 편하게 일하면서 많은 돈을 벌고 싶어졌습니다.

내가 정말로 바라는 게 무엇인지 깨달았을 때, 이상과 현실의 간극이 너무나 커서 밤새도록 펑펑 울었던 기억은 아직도 어제 일처럼 생생합니다.

낡은 집에서 사는 생활고에 시달리는 여자. 이게 사실 그대로의 내 모습이었습니다.

그때 내가 놓인 현실을 직시하고 비참하고, 한심한 자신의 모습에 절망하고 '이것이 내가 원해서 이루어진 현실'임을 받아들였기에, 진짜로 원하는 현실이 무엇인지 깨달을 수가 있었죠.

괜찮습니다. 절망은 나쁜 게 아니에요.

3줄의 마법 Note tip ✽

⬆ 한 달 수입이 100만 원이던 시절, 지출을 돌아보며 반성할 점과 개선할 점을 적은 노트입니다. 아직 설정을 변경하기 전이라 하루 하루 먹고살기에 급급했고 돈을 얼마나 썼는지에만 집중해서 적어 놓았습니다. 이제 와 돌이켜보면 완전히 엉뚱한 방향으로 나아가고 있었죠. 이렇게 지난날의 기록을 훑어보며 내가 가고 있는 방향이 잘못되지는 않았는지 의심해 볼 수 있다는 것도 노트의 훌륭한 장점입니다.

현실에 절망해야 비로소 마음속 깊은 곳에 꼭꼭 숨어 있던 진짜 소망이 솟구쳐 올라옵니다.

이상과는 너무도 다른 나, 그 현실조차 내가 무의식적으로 원했기에 이루어졌다는 사실, 그리고 나의 무한한 가능성을 가로막고 있었던 고정관념.

그 모든 것에 절망하며 한심한 나를 온전히 느끼세요. 느끼고 음미해야 비로소 자신의 '진짜 소원'에 다다를 수 있습니다.

다만 절망거리를 찾으려고 애쓰지는 마세요. 절망은 찾으려 한다고 찾아지는 게 아니니까요. 감정을 깊이 파고드는 과정에서 저절로 찾아지고, 자기도 모르게 현실을 직시하며 절망에 빠지는 게 올바른 방법입니다.

3줄의 마법 Note tip ✿✿

> 「びんぼう」は、自分が抱いた考えから生じるもの。
> 状況のことではない。
> ⓐ びんぼう だと感じること。
>   PNÖび゜。
> 感じれば 感じるほど、現実がますます びんぼう だと
>   感じたくなる 出来事、状況が。
>
> 現実にお金がなくても、状況がどうであれ、
> 「ゆたかだ。幸せだ」と感じれば感じるほど、
> 「豊か♡」と感じたくなる 出来事、状況になる。
> 「今何が」は「こんなの問題ない、いつかは…」と夢ばかり見ておる。

⬆ '가난하다고 생각하면 가난을 뼈저리게 느낄 일이 일어나고, 아무리 돈이 없고 상황이 나빠도 풍요롭고 행복하다고 생각하면 부유함을 느낄 일이 일어난다'고 적혀 있습니다. 한 달 수입이 100만 원인 상황에서는 순순히 받아들이기 힘든 말이었지만 이렇게 노트에 적어 두었습니다.

18

올바른
자기 사랑법이란?

> 누군가가 무엇을 해 주지 않아서 불행한 게 아닙니다.
> 자신의 행복은 타인이 결정해 주는 것이 아니니까요.

앞에서 이야기했듯 마음속에 있는 감정을 모두 받아들이세요. 좋은 감정이든 나쁜 감정이든 오롯이 받아들이는 것은 자신을 소중히 여기는 일입니다. 그것이 자기 긍정이고 자기 수용이며 진정한 의미의 '자기 사랑'이죠. 자신의 감정을 똑바로 마주하고 받아들이는 것이야말로 자기 사랑 그 자체입니다.

다만 감정을 좋다, 나쁘다를 판단하지 말고 그저 가만히
느끼세요.

'저 사람이 너무 싫어서 말도 섞기 싫어.'
'저 사람이 뒤에서 내 욕을 하고 다녀서 짜증나.'
'딱히 이유는 없지만 저 사람이랑 있으면 왠지 어색하
고 불편해.'

이렇게 남을 비난하고 헐뜯는 감정도 그대로 음미하세
요. 감정을 노트에 쓰면 '언어'라는 눈에 보이는 형태로 바
꿀 수 있습니다.

다만 자기 사랑이 그릇된 방향으로 나아가지 않도록 조
심해야 합니다.

자기를 소중히 여기는 마음이 지나치면 남이야 어떻든
자기만 앞세우는 이기심이 발동할 수 있기 때문이죠. 자
신의 공허하고 헛헛한 마음을 다른 사람의 탓으로 돌리게
되거나 '사람들이 나를 소중하게 대하지 않는 이유는 분명
내가 나를 소중히 여기지 않기 때문일 거야.' 하며 주변에
말도 안되는 특별대우를 요구하는 실수를 저지르는 경우

도 많습니다. 이런 태도는 남을 불쾌하게 만드는 이기심일 따름이죠. 다시 말하지만 이기심과 자기 사랑은 완전히 다릅니다.

'자기 사랑'은 어떤 감정이든 인정하고 받아들이는 것이고, '이기심'은 다른 사람에게 나를 소중히 대해 달라고 요구하는 것입니다.

이건 비슷해 보일지 모르지만 전혀 다르죠.

자신의 감정을 소중히 여기면 다른 사람들도 자연스레 나를 소중히 대해주기 시작합니다. 왜냐하면 자신의 감정을 소중히 하다 보면 다른 사람의 감정도 소중히 여기게 되니까요. 바꿔 말해 자신의 감정을 돌보는 법을 알게 되면 타인의 감정을 헤아릴 수 있는 법도 함께 배우게 됩니다. 이것이 자신의 감정을 소중히 해야 하는 이유이기도 합니다.

19

말과 감정을
정확히 분리하라

> 당신 마음속에서 말과 감정은 어떻게 연결되어 있나요?
> 그 말을 들으면 어떤 감정이 생기나요?

누군가에게 어떤 말을 듣고 오해하여 감정적으로 반응했던 경험이 있지 않으신가요? 어찌 보면 당연한 일입니다. 똑같은 말이라도 사람에 따라 의미를 다르게 부여하니까요. 다시 말해 사람마다 말의 의미를 다르게 '설정'하는 것이죠.

이런 눈에 보이지 않는 잠재의식을 언어라는 형태로 노

트에 적으면 말을 자신에게서 분리하여 객관적으로 바라볼 수 있습니다. 잠재의식을 자기 손으로 직접 써 내려가며 있는 그대로 마주할 수 있다는 것. 그것이 노트의 매력이죠. 당신의 세계는 당신이 말에 부여한 의미에 큰 영향을 받습니다.

예컨대 당신은 '행복'이라는 말에 어떤 의미를 부여하나요?

행복을 '일상 속의 소소한 것'이라고 생각하는 사람의 세계는 행복으로 가득합니다. 반면 '천국에 있는 듯 원하기만 하면 뭐든 가질 수 있는 상태'라고 정의하는 사람은 좀처럼 행복을 얻을 수 없습니다. 현실이 천국 같을 리도 없고, 지나치게 추상적이라 이미지를 구체적으로 떠올릴 수도 없으니 당연히 실현할 방법이 없겠죠.

구체적이고 실현 가능한 이미지를 스스로 정해 두지 않은 상태에서 정답도 없고 손에 잡히지도 않는 감각을 추구하는 것만큼 괴로운 일도 없습니다.

마찬가지로 당신을 괴롭게 하는 '말'에 어떤 기대, 혹은 어떤 마음을 담고 있는지 자신에게 질문을 던져 봅니다. 그 부분을 깊이 파고들다 보면 당신을 괴롭히는 정체가 무엇인지 알 수 있을지 모르니까요.

노트에는 가슴 뛰는 소원, 이상적인 내 모습만 적는 게 아닙니다. 있는 그대로의 모든 감정을 솔직히 적다 보면 괴롭고 슬픈 감정과 마주해야 할 때가 있죠. 그럴 때일수록 의식적으로 말과 감정을 분리해서 생각해 보세요.

'행복이란 무엇일까?'라는 질문에 당신이 생각하는 행복의 의미를 노트에 적고 곰곰이 생각해 보세요. 당신 안에 직감적으로 떠오르는 '행복'을 의심하지 마세요.

저에게 있어 '행복'은 살면서 느끼는 '모든 것'입니다. 어떤 감정이든 나를 성숙시키는 슬픔이나 분노, 짜증 등도 나에겐 '행복'이라고 정의했습니다. 그럼 누군가 묻겠죠.

"어떻게 그게 행복일 수 있죠?", "짜증스러운데 그게 행복이라니, 장난이죠?"라고 말이에요.

하지만 다시 한 번 생각해 보세요. 혹시 행복이라는 단어의 의미를 '좋은 기분'이라는 정의만으로 제한해 둔 건 아닌지. 나도 물론 슬프거나 화가 나는 게 싫습니다. 하지만 단순히 "내가 좋아하는 게 아니다"라는 것만으로, 그 감정을 모두 '불행'이라고 부정하진 않습니다. 내 마음속에 일어나는 감정은 살면서 피할 수 없는 것들입니다. 그것을 인정하고 '어떤 감정이든 그것이 일어나면 즐기겠다'라는 선택을 할 뿐이죠.

즐거운 것, 재미난 것만이 좋다면 그것만으로도 자신의 세계를 한정 짓는 건 아닐까요?

　　우선 모든 감정을 있는 그대로 음미하세요.
　　어떤 기분이든 '그건 삶의 행복이야'라고 믿으세요.

'어떤 감정이든 행복하다', '어떤 나라든 행복하다'라는 전제는 지금 서 있는 곳이 어떤 곳이든 당신을 단단하게 설 수 있게 만듭니다. 이는 우주로부터 무한한 힘을 받을 준비가 되었다는 증거니까요.

20

감정을
'나를 돕는 힘'으로

> 무엇 때문에 화가 났는지를 의심하고 파고들다 보면
> 그것이 변화의 기회를 만들어내기도 합니다.

노트를 꾸준히 쓰다 보면 자신의 감정에 민감해집니다. 그래서 노트와 마주하지 않는 시간에도 미세한 감정 변화를 쉽게 알아차릴 수 있게 되죠.

기억 속에서 지워버리고 싶은 누군가의 말.

말로는 표현할 수 없는 찝찝한 기분.

왠지 모르게 불쑥불쑥 치솟는 분노.

이런 모든 감정과 하나하나 마주하는 것이 자기와의 소통입니다. 하지만 대부분의 사람은 부정적인 생각을 한 자신을 인정하지 않으려는 마음이 강하죠.

노트를 쓰면서 내 안의 잠재의식과 대화를 나눠 보세요. 자신의 추한 생각이나 남의 험담 같은 부정적인 감정을 노트에 숨김없이 쓰고 나면, 때로는 갈기갈기 찢어서 휴지통에 던져 버리고 싶은 충동에 사로잡히기도 합니다.

'이런 형편없는 생각을 하다니, 나는 왜 이 모양일까? 마음을 고쳐먹자!' 하고 생각한다면 영원히 쳇바퀴에서 벗어날 수 없습니다. 특히 내 생각이 틀렸다고 여기며 정답이나 진실을 찾아 헤매는 것은 아무런 의미가 없습니다. 다른 사람과 공유할 수 있는 유일무이한 정답은 이 세상에 존재하지 않으니까요.

마음에서 자연스레 솟아난 감정을 좋다 나쁘다 판단하거나 존재하지도 않는 정답을 찾아 헤매는 일은 이제 그만 두세요. 지금까지는 '없었던 것'으로 치부해 왔던 감정을 마주하고 인정해 주면 더 이상 추하고 더러운 생각이 아닌 '소중한 보물'로 승화시킬 수 있습니다.

감정이 흔들릴 때야말로 자신을 변화시킬 기회, 즉 설정을 변경할 찬스입니다.

절망의 끝에는 밝은 미래가 기다리고 있다는 사실을 잊지 마세요.

3줄의 마법 Note tip

⬆ 감정을 전부 쏟아낸 노트를 보면 괴로움에 몸부림치던 그 무렵의 내가 안쓰럽게 느껴집니다.

감정을 글로 쓰면 방에 있는 예술품을 감상하듯 자기 자신을 객관적으로 바라볼 수 있습니다.

마음이 뒤숭숭해서 잠이 오지 않거나 물건을 집어 던지고 싶을 만큼 화가 날 때, 볼 수도 만질 수도 없는 슬픔과 분노를 노트에 적으면 마음속 감정을 눈으로 확인할 수 있습니다. 그러면 '아, 내가 이런 식으로 생각하는구나.' 하며 한 발짝 떨어져서 바라볼 수 있죠. 감정을 이런 식으로 바라보는 것은 정말 중요합니다.

21

'생각에 지배당하는 감정'은
이제 그만!

> 자신의 감정을 먼저 정확히 확인하세요.
> 그 뒤에 감춰진 생각을 찾아내세요.
> 그러면 타인의 가치관에 더 이상 좌지우지되지 않을 수 있습니다.

지금까지 감정에 관해 많은 이야기를 했는데요. 사실 감정은 생각으로 바꿀 수 있습니다. 예컨대 나는 몇 년 전까지 돈이란 얻기 힘든 것이라고 생각했습니다. 그래서 절약을 '좋아'했죠. 하지만 돈이란 쓸수록 늘어나는 것이라고 생각을 바꾼 다음부터는 절약이 '싫어'지더군요. 이렇듯 감정이란 그때그때 어떤 생각을 하느냐에 달려 있습니다.

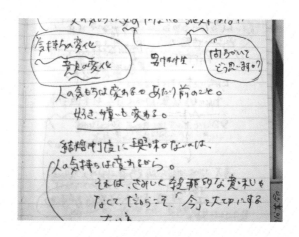

⬆ '사람의 감정에 반드시나 절대란 없다. 기분이나 의견, 좋아하는 것이나 싫어하는 것도 변하게 마련이다. 따라서 언제나 지금을 소중히 여겨야 한다'고 적은 노트입니다.

사람의 감정은 늘 변화합니다. 그래서 그 변화를 놓치지 않도록 늘 노트와 마주해야 합니다.

따라서 생각이 감정을 지배하도록 내버려 둔다면 다른 사람의 가치관에 지배당하거나 휘둘리기 쉽습니다. 또 이는 쉽게 습관이 됩니다. 그래서 노트를 통해 자신의 감정과 마주하는 게 아주 중요하죠.

감정은 생각에 달려 있으므로 어떤 단계, 즉 어떤 스테이지에서, 어떤 내용과 방식으로 자신의 감정을 움직이게 만들지는 당신 스스로 결정할 수 있습니다.

그럼 뒤에서 그 방법을 구체적으로 알아보기로 하죠!

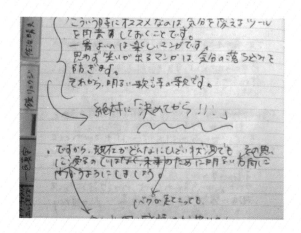

⬆ '설정을 변경하기로 결정한 다음에는 지금의 상황이 아무리 심각해도 미래를 위해 긍정적으로 생각해야 한다. 재미있는 만화나 경쾌한 노래는 기분이 가라앉지 않게 도와준다'고 적은 노트입니다.

지금의 자신을 직시한 후 설정을 변경하기로 결정한 다음이라면 긍정적 사고의 효과를 톡톡히 볼 수 있습니다. 하지만 자신과 똑바로 마주하기 전에 무턱대고 긍정적 사고만 발휘한다면 끊임없이 불만족스러운 현실이 되풀이될 뿐입니다.

22

나에게 온
'감동'은 의심하지 않는다

> 이성이 더 이상 감정을 통제하게 두지 마세요.
> 스스로 인생을 결정하고 싶다면
> 노트를 통해 둔해진 감각을 강화시켜 봅니다.

'감동'이란 감정이 움직이는 것이라고 생각하는 사람도 있지만 그렇지 않습니다.

감정은 생각이므로, 그 사람이 어떤 설정을 갖고 있는지에 따라 생겨나는 감정도 달라집니다. 하지만 감동은 생각으로 바꿀 수 없죠.

사전적인 뜻으로 감동이란, '아름답거나 근사한 무언가에 강한 인상을 받아 마음을 빼앗기는 것'입니다.

아름답거나 경이로운 나머지 자신의 평소 생각이나 상식, 고정관념을 완전히 잊은 채 육체의 마음(생각·감정)을 위대한 우주, 신, 근원에게 빼앗기는 것.

나는 이것이 감동이라고 생각합니다.

사람에 따라 정의는 다르겠지만 내가 말하는 '마음을 빼앗긴다'란, 자기 마음인데도 자신의 범주를 넘어 '위대한 근원'과 연결되었다고 느끼는 상태를 뜻합니다.

'감동한다'는 것은 아주 근사한 일입니다. 그런데 자주 감동하는 사람은 주변 사람들에게 성가신 존재로 여겨지거나 비웃음을 당하는 경향이 있죠.

나는 어릴 때부터 작은 일에도 금세 감동하곤 했습니다. 그럴 때면 언제나 주위 사람들에게서 과장이 심하다, 민감하다, 호들갑스럽다는 지적을 받았습니다. 그래서 감수성이 풍부한 것은 나쁜 것, 미숙함을 드러내는 것이라고 생각했고, 감동이 밀려올 때마다 억누르고 무시하고 부정하려 했죠.

그런데 어느 날, 감수성을 부정하는 것은 내 안의 여성성을 부정하는 일이라는 사실을 깨달았습니다. 그래서 앞으로는 감수성을 억누르지 않고 감동으로 가득한 삶을 살기로 결정했죠. 그러자 순식간에 나를 둘러싼 세계가 달라졌습니다. 매일 매일이 보다 감동할 일들로 가득해졌다고나 할까요.

이성이 감정을 통제하게 두지 말고 오히려 이성을 통해 감정이 소중하다는 것을 먼저 인지하세요. 그리고 그것을 강화하는 방법 중 하나인 노트 쓰기를 해 보세요.

인생에 기쁨이 넘치려면 감동으로 가득한 삶을 살아야 합니다. 감동은 생각으로 바꿀 수도 없고 의심해야 할 대상도 아닙니다.

감동은 감정과 생각을 감각에 빼앗길 만큼 큰 영혼의 울림입니다. 눈앞의 세계와 자기 자신이 깊이 연결되는 감각적인 체험이죠. 그러나 현대인들은 정반대로 감각에 생각을 빼앗기지 않으려고 필사적으로 감성을 억누릅니다. 자신의 감각이 아닌 타인의 시선이나 세상의 상식에 몸을 맡긴 채 살아가죠.

생각과 감정을 감각에 내맡긴 채 하늘, 구름, 바람, 빛…, 눈앞의 모든 것에 마음껏 감동하세요. 잊지 마세요. 계속해서 감동을 느끼며 살아가면 언제든 자기 축을 시킬 수 있습니다. 그러면 자기 인생을 스스로 결정할 수 있게 됩니다.

'내 인생은 내가 결정한다.'

언뜻 당연하게 들리는 말이죠. 그러나 당신이 꿈꿔 왔던 삶을 살고 있지 않은 까닭은 당신의 인생을 온전히 스스로 결정하지 않았기 때문입니다. 하지만 걱정하지 마세요. 당신이 감동을 통해 자신의 기준을 찾아가고 그것을 중심으로 생각하고 행동해 나간다면 주변의 모든 것들이 당신을 응원해 줄 테니까요!

🔼 남이 아닌 나와 내 일에 모든 돈과 시간, 마음을 집중하자고 결정했을 때의 노트입니다. 타인의 시선이나 일반적인 상식에 사로잡혀 원치 않는 감정에 휘둘리고 있었음을 깨달아야 그 감정을 의심하며 깊이 파고들 수 있습니다. 꾹꾹 눌러 쓴 글씨에서 결정했던 당시의 에너지가 고스란히 느껴집니다.

나에 대해 100가지 칭찬하기

다음은 감정과 생각을 감각과 깊이 연결하여 진정한 의미의 '있는 그대로의 진짜 나'와 마주하여 지금 당장 소원을 이루어지게 만드는 연습 문제입니다.

노트에 나에 대한 칭찬 100가지를 적어 보세요.

30가지 정도 썼을 때

≫ 좋은 면만 쓰려고 하면 100가지를 다 채우기 힘들 수도 있습니다. 그렇다면 한번 돌려 생각해 보세요. 예컨대 싫증을 잘 낸다는 단점은 호기심이 풍부하다는 장점이 됩니다. 어떻게든 100가지를 채워 보세요.

50가지 정도 썼을 때

≫ 단점으로도 장점으로도 볼 수 있는 자신의 특징을 부정도 긍정도

하지 말고 '나한테 이런 면도 있구나.' 하며 바라봐 주세요. 바라봐 주는 것 자체가 사실은 자신을 긍정하는 것으로 이어집니다.

80가지 정도 썼을 때

≫ '뭐든 다 칭찬할 수 있구나.' 하는 생각이 들지 않나요? 꼭 칭찬일 필요는 없습니다. 그저 당신이라는 사람을 '있는 그대로' 쓰면 됩니다.

다 쓰고 나서

≫ 100가지 칭찬을 쓰는 동안 어떤 기분이 들었나요? 다 쓴 후에 온몸 가득 내면에서 솟아난 충만감을 느낀 분도 있으리라 생각합니다. 그 감각이 자기가 자신을 긍정한다는 것입니다.
고치고 싶다는 생각이 든 항목도 있었을지 모르겠군요. 그런 부분까지도 인정하고 받아들이는 것이 자기 신뢰로 이어집니다.

소원을 이루는 데 자신이 있고 없고는 아무런 관계가 없습니다. 당신은 얼마든지 반짝반짝 빛날 수 있답니다!

3장

내 안의 설정 바꾸기

감정을 의심하면
돈의 신은 새로운 기회를 준다

23

'설정 변경'으로
인생을 바꾼다

지금까지 돈과 감정과 우주에 관해 살펴보았습니다. 이
제 당신도 감정이 얼마나 중요한지, 우주가 당신에게 얼마
나 많은 영향을 끼치는지 아셨으리라 믿어요.

이번 장에서는 드디어 소원을 이루기 위한 마지막 단계
를 살펴보겠습니다. 바로 '설정 변경'입니다. '설정 변경'이
란 다음의 3단계를 거쳐서 당신이 바라는 세계를 실현하

는 것을 말합니다.

앞에서도 언급했지만 예전의 나는 '낡은 집이 오히려 멋스럽고 좋다'는 설정을 갖고 있었습니다. 그래서 새집에는 관심이 없었죠. 그런데 '낡은 집에 사는 여자'인 사실 그대로의 나를 직시하고 그 사실을 인정했을 때 생겨난 감정을 파고든 결과, '나는 깨끗하고 반짝반짝한 새집이 좋다'로 설정을 변경하였습니다. 그러자 마법처럼 새집을 지을 기회가 찾아왔고 새로운 스테이지에서 풍요로움과 행복을 손에 넣을 수 있었습니다.

지금의 삶에 큰 불만은 없지만 좀 더 많은 돈을 벌고 싶거나 좀 더 풍요로운 삶을 살고 싶은 사람, 눈앞에 있는 문제를 해결하고 싶지만 도무지 좋은 방법이 떠오르지 않는 사람이라면 부디 자기가 갖고 있는 설정을 의심해 보세요. 지금 어떤 설정을 가지고 있느냐에 따라 행복과 불행에 대한 가치관이 완전히 달라지니까요. 자꾸 문제가 생기는 이유도, 원하는 세계를 한 발짝 남겨 둔 채 도달하지 못하는 이유도, 당신이 스스로 만든 '설정'이 원인일지 모릅니다.

설정 변경은 정말 간단합니다. 내가 사는 세계(배경)를 바꾸겠다고 '결정'만 하면 되죠. 그렇게 쉬울 리 없다고 생각하시나요? 그렇다면 당신은 '행복은 쉽게 얻을 수 없다'는 설정을 갖고 있는 것입니다.

자, 지금부터 다시 한 번 생각해 봅니다.

지금 당신이 느끼고 있는 그 감정은, 정말로 당신이 원하는 것인가요?

자신에 대해 직시하고 싶다면 '지금의 나'에 대해 노트에 적어 보세요. 내용이 무엇이든 상관없습니다. 그래도 뭔가 떠오르는 게 없다면 지금 입고 있는 옷, 신발, 헤어스타일, 방 안의 풍경, 책상 위에 있는 물건, 의자, 들려 오는 소리, 듣고 있는 음악, 지금의 월수입, 지갑 속의 지폐와 동전, 직업 등등 눈앞의 사실을 있는 그대로 써 봅니다. 단 '보충 설명'은 절대 넣지 마세요. 예를 들어, '바빠서 청

소하지 못한' 더러운 화장실이나 낡은 '그래도 앤티크한' 집, 혹은 '자유로운' 백수 같은 수식어는 금지입니다. 그건 그저 '더러운 화장실', '낡은 집', '백수'처럼 있는 그대로의 현실(당신의 상태)을 적어야 합니다.

물론 부정하고 싶겠지만 노트에 적힌 그 모습이 '진짜 당신'입니다.

24

설정을 바꾸면 인생의
배경이 원하는 방향으로

> 내가 점을 찍으며 과거, 현재, 미래로 이동하는 게 아닙니다.
> 나는 영원히 움직이지 않고 점, 즉 '배경'이 움직이는 것이죠.

지금으로부터 5년 전, 나는 사람들 앞에서 말하는 일을 하고 싶었습니다. 하지만 실제로는 대중 앞에서 말하기가 두려웠죠. 어떻게든 극복해 보려고 커뮤니케이션 관련 책을 읽거나 여기저기서 화술을 배우려고 노력했지만 변화는 미미했습니다. 아직 아이들이 어리다 보니 시간적으로도 여의치가 않았죠. 뭔가 시도하고 싶어도 몸이 자유롭지 못하니 조바심만 커져 갔습니다.

'새벽 4시에 일어나서 책을 읽자!', '틈틈이 비는 시간을 효율적으로 활용하자!' 언젠가 어느 자기계발서에서 읽은 내용을 떠올리며 의욕적으로 움직여 보려고도 했습니다. 하지만 아무리 노력해도 항상 제자리걸음이었죠. 그런 자신에게 점점 심한 자괴감이 들고, 당연히 사람들 앞에서 말하는 것에 대한 두려움도 극복하지 못한 상태가 이어졌습니다.

이제 와 돌이켜보면 이런 시도들이 실패했던 이유가 빤히 보입니다. 그중 가장 큰 이유는 사람들 앞에서 말하는 일을 하고 싶다는 소원을 '내가 정한 방식'으로 이루려 했기 때문이었죠. 여러 방식으로 바람이 이루어진다는 것을 간과하고 나는 내가 정한 방식만을 고집했던 것입니다. 왜 그럴 수밖에 없었던 걸까요?

그 이유를 찾기 위해 나는 다음과 같이 노트에 쓰면서 감정을 의심하고 설정을 변경해 나갔습니다.

1단계. 관찰

• 왜 사람들 앞에서 이야기하기 두려워?

→ 조리 있게 말하지 못해서.

• 조리 있게 말하지 못하면 뭐가 문젠데?

→ 사람들이 나를 미워하게 돼. 사람들이 나에게 실망
할 거야. 사람들이 나를 대단하다고 생각해 주지 않
겠지.

요컨대 그 당시 내 설정은 '말을 잘 못하면 사람들 앞에
서 이야기하지 말아야 한다. 사람들 앞에서 이야기하고 싶
은 이유는 대단해 보이고 싶어서다'였던 겁니다.

2단계. 감정

1단계에서 나온 설정을 바탕으로 '그럼 어떻게 하고 싶
은데?' 하고 나 자신에게 물어 보았습니다. 그리고 '그래도
역시 사람들 앞에서 이야기하고 싶어'라는 답을 얻었죠.
그와 동시에 '사람들 앞에서 이야기하고 싶은 이유는 대단
해 보이고 싶어서가 아니라 전하고 싶은 메시지가 있어서'
라는 사실을 새삼 깨달았습니다.

3단계. 결정

2단계에서 느낀 것을 바탕으로 '말을 잘 못하더라도 사람들 앞에서 이야기해도 된다'고 결정했습니다. 이것이 설정 변경입니다(설정을 변경하는 순서는 4장에서 좀 더 자세히 소개하겠습니다). 이렇게 **설정을 변경한 후 나는 대중에 대한 두려움에서 벗어날 수 있었습니다**. 그 결과 지금은 세미나를 열어 많은 사람들 앞에서 편안히 이야기합니다. '말을 잘 못하더라도 사람들 앞에서 이야기해도 된다'고 결정한 후에 직접 대중 앞에서 이야기할 기회를 찾아나섰고 조금씩 그 규모를 키워 왔죠. 5년 전만 해도 사람들 앞에서 말하기를 두려워했다는 게 거짓말처럼 느껴집니다.

나는 경험을 통해 '배경은 내가 결정한 설정에 맞춰 저절로 바뀐다'는 사실을 깨달았습니다.

물론 결정하고 난 후에 남들 앞에서 이야기할 기회를 마련하려고 행동한 것은 나 자신이었습니다. 하지만 내가 행동했던 것 이상의 현실이, 나아가 상상했던 것 이상의 상황이 눈앞에 펼쳐졌죠. '역시 우주와 신이 나를 도와주는구나.' 하는 생각이 절로 들더군요.

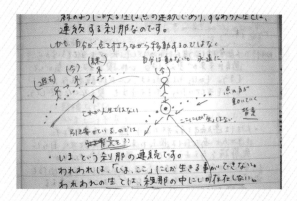

🔵 '설정을 바꾸면 배경이 바뀐다'를 그림으로 그려 본 날의 노트입니다. 내가 점을 찍으며 과거, 현재, 미래로 이동하는 게 아닙니다. 나는 영원히 움직이지 않고 점, 즉 '배경'이 움직이는 것이죠. 설정을 변경했을 때 배경이 알아서 바뀌는 놀라운 경험을 여러분도 꼭 해 보셨으면 좋겠습니다.

25

'스테이지의 수준'에 따라 감정도 변한다

> 지금 당신이 있는 스테이지에서
> 맛볼 수 있는 감정을 최대한 음미하세요.

꼭 기억해 두어야 할 것이 있습니다.

많은 사람이 한 번만 설정을 변경하면 곧바로 꿈에 그리던 삶을 거머쥘 수 있다고 오해하는데 실제로는 그렇지 않습니다. 모든 일에는 단계가 있는 법입니다. 설정 변경 역시 마찬가지죠.

예를 들어 평소에 늘 1천 원 남짓한 발포주(맥아 함량이 적
어 일반 맥주보다 가격이 저렴한 술)를 마시던 사람이 어느 날 몇
십만 원짜리 고급 샴페인을 마셨다고 치죠. 그러면 제일
먼저 드는 생각은 '고급 샴페인이라는 게 고작 이런 맛이
었어?'일 겁니다.

물론 조금쯤은 고급스럽다고 느낄지도 모르지만 도대
체 왜 그렇게 비싼지, 왜 사람들이 입을 모아 칭찬하는지,
위화감이 들게 마련이죠. 왜냐하면 발포주에 길들여진 입
맛으로는 고급 샴페인의 진정한 풍미를 온전히 느낄 수
없기 때문입니다.

게임에 비유하자면 레벨 1의 장비만으로 레벨 3이나 5 수
준의 스테이지에 뛰어든 격입니다. 그런 상태로는 게임을
즐기기는커녕 눈 깜짝할 사이에 게임이 끝나 버릴 게 불
보듯 뻔한 일이죠. 물론 레벨 1인 상태에서 '언젠가 고급
샴페인을 마셔 보고 싶다'고 어렴풋이 꿈꾸는 정도라면 아
무런 문제도 없습니다. 하지만 레벨 1인 사람이 상상할 수
있는 범위는 결국 레벨 1 수준을 넘지 못합니다.

정말로 고급 샴페인에 걸맞은 레벨이 되었을 때야 비로

소 그 진정한 맛을 음미할 수 있는 법이죠. 어쩌면 그 레벨에 도달했을 무렵에는 고급 샴페인을 넘어 진귀한 빈티지 와인을 즐기는 세계가 실현될지도 모릅니다.

신이 가져다주는 풍요는 언제나 지금 당신이 상상하는 수준을 훨씬 넘어서니까요.

우선은 지금 당신이 있는 스테이지에서 맛볼 수 있는 감정을 최대한 음미하세요. 그리고 '이 감정은 이제 그만 맛보고 싶어', '이대로도 좋지만 조금 더 높은 스테이지로 올라가고 싶어.' 하는 감정을 하나하나 깊이 파고들면서 스테이지를 단계별로 높여 가세요.

한 달 만에 성과를 얻으려고 조급하게 굴지 말고 반년에서 1년 정도 꾸준히 설정을 변경해 보세요. 그 정도 시간이 지난 후에 되돌아보면 스스로 깜짝 놀랄 만큼 엄청난 변화를 확인할 수 있습니다.

매일 노트를 쓰면서 지금의 감정을 받아들이고 설정을 변경해 나가세요.

스테이지와 함께 변화해 가는 자신의 감정을 오롯이 즐겨 보세요. 나 같은 사람도 가능했으니 당신도 얼마든지 할 수 있습니다!

26

당신을 시험하는 '버그'를 조심하라

> 66
> 일단 단계를 높이기로 설정을 변경했다면
> 망설이지 말고 밀고 나가야 합니다.
> 99

배경은 단계적으로 달라진다는 점과 함께 하나 더 기억해 두어야 할 것이 있습니다. 그것은 배경이 변하는 과정에 '버그'가 생긴다는 점입니다.

버그란 게임이나 컴퓨터 프로그램에서 제작자가 의도하지 않은 오류나 오작동이 일어나는 현상을 말합니다. 옛날에는 오래된 가정용 비디오게임을 하다 보면 조금 전에 지나간 화면의 잔상이 남는 일이 있었습니다. 여기서 말하는 '버그'란 바로 그런 이미지입니다.

언젠가 고급 샴페인을 마시고 싶다고 꿈꾸면서 일단 발포주에서 맥주로 단계를 높이는 데 도전하는 사람을 예로 들어 보죠.

맥주를 몇 번쯤 마셔 본 후에 '확실히 발포주랑은 차원이 다르네', '맥주가 훨씬 더 맛있구나.' 하고 느끼기 시작한 어느 날, 슈퍼에 갔더니 마침 발포주가 세일 중이라 아주 저렴하게 팔고 있습니다. 또는 회사 후배에게 "맥주는 아저씨들이나 마시는 술이죠." 하는 말을 듣습니다. 그럴 때 '역시 그냥 발포주나 마셔야겠다.' 하고 원래대로 되돌아간다면 설정을 변경한 의미가 없습니다.

발포주에서 맥주로 바꾸기로 결정했거나 언젠가 고급 샴페인을 마셔 보고 싶다고 생각한 데는 분명 이유가 있을 겁니다. 물론 맛 때문도 있겠지만, 본질적으로는 더 풍요로워지고 싶거나 배경을 바꾸고 싶어서일 테죠. 그 첫걸음이 발포주에서 맥주로 바꾸는 도전이었던 것이고요.

신은 당신이 스테이지를 높일 때마다 예전의 설정을

'테스트'합니다. '이제 정말 발포주는 안 마실 거야?', '싸구려 술만 마실 때 느끼는 비참함은 이제 즐기지 않는 거야?' 이렇게 확인이라도 하려는 듯 말이죠. 그리고 어느새 발포주를 마시고 있는 자신을 발견합니다.

그렇습니다. 그것이 바로 버그입니다. 이때 어떻게 행동하는지가 중요한 터닝 포인트입니다.

'이제 가격과 타협해서 비참한 기분에 빠지는 것은 그만두기로 했잖아', '정말 맛있다고 느껴지는 술만 마시기로 결정했잖아.'

이렇게 자기가 원하는 배경을 정확히 인식하고 새로운 설정을 밀고 나가면 버그가 발생하는 횟수도 자연스레 줄어듭니다. 기억하세요. 버그는 당신을 향한 신의 테스트입니다. 정말 다음 스테이지로 넘어갈 준비가 됐는지 당신을 시험하는 것이죠. 이것을 잊지 말고 설정을 변경했다면 그 설정에 맞는 행동을 꿋꿋이 이어가세요.

'버그는 최대한 무시한다.'

이것을 꼭 기억하시기 바랍니다.

27

그래도 문젯거리는
사라지지 않는다

> 삶에서 일어나는 고민거리는 사라지지 않습니다.
> 그러나 그에 대한 불안이나 두려움에 강해질 수는 있습니다.

'설정 변경만 생각처럼 잘되면 나쁜 일은 모두 사라지고 장밋빛 인생이 펼쳐질 거야!'

혹시 이렇게 생각하시나요?

안타깝게도 인생에서 나쁜 일은 절대 사라지지 않습니다. 하지만 어떤 스테이지에서 나쁜 일을 겪을지는 스스로 선택할 수 있죠.

내가 새집으로 이사한 후 처음으로 전기요금 청구서를 받았을 때 50만 원이 넘는 전기요금을 보고 "무슨 전기요금이 이렇게 많이 나왔어!" 하며 깜짝 놀란 일이 있습니다. 그런데 집에서 쓰는 모든 에너지를 전기로만 충당하는 방식으로 집을 설계했으니, 전기요금이 많이 나오는 건 당연한 일이었습니다. 게다가 따뜻하고 쾌적한 집에서 살고 싶다고 요구한 사람도 다름 아닌 나 자신이었죠. 그렇게 받아들이고 나니 더 이상 전기요금을 문제로 여기지 않게되었습니다.

비슷한 일은 요즘도 일어납니다.

몇 개월 전에는 한 달 동안 쓴 신용카드 요금이 1억7천만 원이 넘어서 화들짝 놀랐습니다. "헉, 내가 이렇게나 많이 썼나!?" 하면서요. 다시 말하지만, 스테이지가 바뀌어도 불안감을 느끼는 일은 사라지지 않습니다.

하지만 불안을 맛보는 스테이지와 금액은 확연히 달라지죠. 어차피 나쁜 일을 겪어야 한다면 자기 마음에 드는 스테이지와 내용을 선택하는 게 낫지 않을까요?

또한 설정을 계속 변경해가다 보면 그런 불안이나 두려

움에 차츰 신경 쓰지 않게 됩니다. 내가 고액의 소득세나 신용카드 요금을 보고도 큰 문제로 여기지 않게 된 것처럼 말이죠. 그렇게 한 단계 한 단계씩 높은 스테이지로 올라가는 것입니다.

설정만 변경하면 마음에 안 드는 사람이 싹 사라진다거나 고민이 몽땅 다 해결된다고 생각하기 쉽지만, 실제로 나쁜 일은 사라지지 않습니다.

나쁜 일을 겪는 스테이지와 방식이 달라질 뿐입니다.

28

자신의 행복에만
집중한다

"
자기만의 풍요와 경험은
다른 사람과 비교하는 순간 모두 사라지고 맙니다.
"

타인의 시선으로 자기 자신을 바라보지 않는 한, 세상의
가치관에 휘둘릴 일은 없습니다.

1장에서 이야기했듯 관점은 늘 캐릭터 관점이 아닌 플
레이어 관점을 유지해야 합니다. 다만 어디까지나 '타인의
시선'이 아닌 '자신의 시선'이어야 하죠.

남이 나를 어떻게 볼지 의식하는 순간, 그것은 더 이상

당신 자신의 세계가 아니게 됩니다. 자신의 감정을 의심하며 설정을 변경할 때도 지금의 시선이 누구의 것인지 늘 의식하는 습관을 들이세요.

- 지금보다 돈을 더 많이 벌고 싶은 이유는?
  → 남들한테 부자로 보이고 싶어서.

- 고객이 더 늘어나기를 바라는 이유는?
  → 성공한 사람처럼 보이고 싶어서.

- 명품 원피스를 입고 싶은 이유는?
  → 반짝반짝 빛나는 여성으로 보이고 싶어서.

이것은 모두 타인의 시선을 기준으로 한 이유입니다. 부유해 보이는 나, 성공한 사람으로 비춰지는 나, 반짝여 보이는 나. 모두 내가 아닌 타인의 시선이 중심에 있는 가짜 이유죠. 물론 시작은 그런 이유여도 괜찮습니다.

'왜 부자로 보이고 싶은데?'
'내가 생각하는 성공이란 뭔데?'

'반짝반짝 빛나는 여성이란 어떤 여성인데?'

이런 식으로 파고들어 가다 보면 타인의 관점에서 벗어나 자신의 관점에서 본 진짜 이유에 다다를 수 있으니까요.

타인의 시선을 행복의 기준으로 잡아봤자 행복해질 수 없습니다. 남들이 나를 어떻게 보는가에서 만족감을 느끼는 순간 승패의 세계가 되살아납니다. 왜냐하면 누군가와 비교했을 때의 우월감으로 만족을 얻기 때문입니다. 승패의 세계에서 게임을 하는 순간 눈앞의 풍요는 온데간데없이 사라지고 맙니다. 집중해야 할 것은 타인의 시선이 아니라 자기 자신의 행복입니다.

아직 적어 보지 못했다면 이쯤에서 당신이 생각하는 행복이 무엇인지를 노트에 적어 보세요. 아마도 새로운 깨달음을 얻을 수 있을 것입니다.

행복에 대한 당신의 설정은 타인의 관점인가요, 당신의 관점인가요? 지금 그 설정 그대로 정말 행복한가요?

3줄의 마법 Note tip

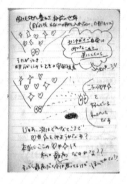

◑ 눈앞의 풍요나 경험을 받아들일 때는 타인의 시선(남에게 어떻게 보일지)을 기준으로 삼지 말아야 합니다. 플레이어 관점에서 자신을 관찰할 때도 다른 사람과 비교하지 말아야 합니다. 오로지 자기 자신만을 바라보세요.

◐ 자기만의 풍요로움과 경험은 다른 사람과 비교하는 순간 모두 사라지고 맙니다. 내가 가진 가방이나 옷이 남의 것보다 더 비싼지 아닌지를 비교하는 데 감정을 허비하는 것은 아무런 의미가 없습니다.

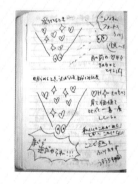

29

남이 아니라
나를 의심한다

> 모든 것이 자신의 선택에 달려 있다는 걸 이해할 때
> 생각지도 못했던 의문이 떠오를 겁니다.

설정을 변경할 때는 지금의 상황이나 감정의 원인을 모두 자기 자신에게서 찾으려고 의식하는 게 중요합니다. 눈앞의 현실을 남 탓으로 돌리는 건 얼마든지 가능합니다. 하지만 그것은 단순한 화풀이나 책임전가일 따름입니다. 현실을 개선하는 데 걸림돌이 될 뿐이죠. 누군가를 탓하고 싶어질 때마다 기억하세요.

어떤 게임을 할지는 당신에게 달려 있습니다. 여러 번 말했지만 인생의 스테이지는 당신 스스로 결정할 수 있습니다. 어떤 적과 싸울지, 코인을 얼마나 먹을지, 어떤 방식으로 이번 스테이지를 깰지는 플레이어인 당신의 선택에 달려 있습니다. 누군가를 탓하고 싶다면 지금의 자신을 외면하거나 속이고 싶기 때문입니다. 나와 남 중 누군가를 나쁜 사람으로 만들어 버리면 쉽게 현실에서 도망칠 수 있으니까요.

실제로 지금 당신 주변에 당신이 행복해지지 못하게 가로막는 사람이 있을지 모릅니다. 하지만 설정을 변경하고 당신의 세계가 바뀌기 시작하면 그런 사람들은 자연스레 사라집니다. 당신의 배경이 바뀌면 주변 사람들도 함께 바뀌기 때문입니다. 지금 당신 주위에 있는 사람들을 둘러보세요. '인간관계는 소중히 여겨야 해', '친구는 재산이야', '알고 보면 나쁜 사람은 아니잖아'라는 설정에 갇힌 채 불만족스러운 나날을 보내고 있진 않나요? 험담에 열심인 그들과의 만남이 불편하지 않은가요?

그렇다면 관계에 단호히 안녕을 고하세요. 이것은 관계를 정리하는 것이 아닌 남 탓과 불평만을 일삼던 세계에서 살고 있던 자신과 이별하는 것이니까요.

　선악을 가르는 것은 승패를 구분하는 것만큼 의미 없는 일입니다. 그것으론 그 누구도 행복해지지 않습니다. 이 세상에 나쁜 사람은 없습니다. '누군가를 나쁜 사람으로 만들고 싶은 내'가 있을 뿐이죠. 아무리 노력해도 누군가를 탓하고 싶은 감정이 사라지지 않을 때는 '아, 나는 누군가를 나쁜 사람으로 만들고 싶구나.' 하며 자신을 가만히 바라봐 주세요. 그 이상 앞으로 나아가지 못해도 괜찮습니다. 당신이 지금 자신을 제대로 이해하지 못한 채 누군가를 나쁜 사람으로 만들고 싶어 한다는 사실만 깨달아도 우주 신이 당신을 지켜 주니까요!

30

고민거리는 우선
노트에 잠재운다

> 당장 무리한 해결책을 만들어내기보다
> 고민이나 짜증을 노트에 적어두고 마음을 비워 보세요.

    올해 여름, 오키나와로 가족여행을 떠나기로 계획했을 때의 일입니다. 예전부터 꼭 한번 가보고 싶었던 리조트 호텔의 스위트룸을 예약한 나는 잔뜩 들뜬 마음으로 여행 날만 손꼽아 기다렸습니다. 그런데 예약한 후에야 여행 일정과 아들의 학교 야구동아리 시합 일정이 겹친다는 사실을 알게 되었죠.

나는 일단 아들을 시합에 내보내지 않는 선택지를 검토했습니다. 하지만 동아리 인원이 빠짐없이 모두 참가해야 정원을 채울 수 있다고 했습니다. 다른 아이들과 부모님의 마음을 생각하니 "우리 애는 가족여행을 가야 해서 시합에 못 나가요"라고는 도저히 말할 수 없겠더군요. 그렇지만 나는 이제나저제나 여행 날만을 기다려 왔습니다. 아들이 함께 가지 못한다고 해서 여행 자체를 취소하고 싶지는 않았죠. 그렇다고 남자친구에게 아들을 맡겨 둔 채, 다른 아이들만 데리고 오키나와에 가고 싶지도 않았습니다. 내 소원은 가족 모두와 함께하는 여행이었으니까요.

여행 일정을 변경하는 선택지도 생각해 봤지만 내가 묵고 싶은 리조트호텔의 스위트룸은 하필이면 아들의 시합 당일에만 예약이 가능했습니다. 게다가 다른 날에 묵을 호텔이나 그 밖의 일정도 모두 예약이 끝난 상태였죠.

아, 정말 어떻게 해야 하지!?
왜 동아리 인원이 9명밖에 안 되냐고!
시합 일정을 왜 이리 늦게 알려 주는 거야?
여름방학에 시합은 무슨 시합이야!

모처럼 완벽하게 예약해 놨더니만!

　도무지 좋은 아이디어가 떠오르지 않았던 나는 이렇게 화풀이하듯 노트에 짜증을 잔뜩 쏟아내고는 그 날을 마감했습니다.

　나는 이처럼 문제가 생겼는데 좋은 방법이 떠오르지 않을 때는 어떻게든 당장 해결하려고 하지 않습니다. 답답하거나 찜찜한 상태로 내버려 두죠. 쉽게 말해 그냥 방치합니다.

　물론 문제가 생기면 '곧바로 해결해야 속이 시원하다'는 심정은 충분히 이해합니다. 하지만 우주와 신은 모든 일을 억지로 해결하려고 하는 자세를 원하지 않습니다. 그러니 우선 모든 걸 노트에 적어두고 잠시 머무르세요. 너무 조급해하지 마세요. 신은 모든 것을 맡기고 자연스럽게 긍정하며 흐름을 타는 사람을 사랑해 주니까요.

31

신이 선사하는
'가장 멋진 해결책'을 만나는 법

> 신은 처음보다 더 확장된 행복의 형태로
> 최고의 해결책을 제시해 줍니다.

찜찜한 마음으로 노트를 덮은 그날 나는 하늘을 보면서 "어떻게 하면 좋을까요? 내일 일어나면 최고의 방법이 떠오르게 해 주세요." 하고 소원을 빌었습니다. 그리고 다음 날 아침, 눈을 뜨자마자 '아! 여동생 네 가족이랑 함께 가면 어떨까?' 하는 생각이 번쩍 떠올랐죠.

나는 오래전부터 꿈꿨던 리조트호텔의 스위트룸에서

하룻밤 자고 싶었고, 가족과 함께 여행을 즐기고 싶었습니다. 그런데 아들과 남자친구만을 가족으로 한정 지을 필요는 없다는 사실을 깨달았던 것이죠.

그러고 보니 나는 전부터 동생과 함께 여행을 가고 싶다고 생각해 왔습니다. 곧바로 여동생에게 연락해 보았고, 결국 여동생과 조카가 여행에 합류하기로 했죠.

결과적으로 아들과 남자친구의 항공편을 변경하고, 동생과 조카에게 선물할 항공권을 구매하는 것만으로 문제가 해결되었습니다. 다시 말해 호텔과 일정을 변경하거나 취소하는 일 없이 수수료, 요금, 스트레스가 가장 적은 방법이 실현된 것이죠.

여행 일정의 앞쪽 절반은 아들과 남자친구가 함께했고, 후반에는 두 사람과 교대하듯 여동생과 조카가 오키나와에 도착했습니다. 아들은 무사히 시합에 나갔고, 나와 다른 가족들은 여동생의 식구들과 즐거운 시간을 보냈습니다. 결국 원래 계획보다 훨씬 더 신나고 멋진 여행이 되었죠.

신은 이런 식으로 최고의 한 수를 선사해 줍니다. 그것도 처음 계획보다 기쁨과 행복이 더 늘어난 형태로 말이죠. 아들의 시합 일정을 알게 되었을 때, 내가 주먹구구식으로 해결하려고 했거나 어떻게든 해결책을 찾으려고 전전긍긍했다면 분명 좋은 결과를 얻지 못했을 것입니다. 사실 내가 처음에 생각했던 여행 계획도 그 시점에는 베스트였습니다. 그리고 최종적으로 실현된 형태 역시 베스트였죠.

이렇듯 최고의 수는 결코 하나가 아닙니다. 방법이 보이지 않을 때 자기가 상상할 수 있는 범위 안에서 억지로 해결책을 찾기보다는 고민거리를 잠시 내버려 두거나 잠재워 두는 것이 중요합니다. 그리고 우주나 신에게 해결책을 맡기세요. 이 방법이야말로 최강의 마법이니까요.

3줄의 마법 Note tip

🔽 가족이 다 함께 오키나와 여행을 즐길 방안을 고심하면서 화나고 답답한 심정을 적은 노트입니다. 해결책이 떠오르지 않는 때일수록 노트에 감정을 모조리 쏟아내고 나머지는 모두 신에게 맡겨 둡니다.

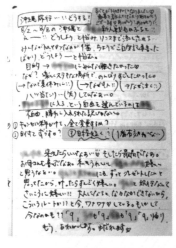

🔽 마치 소원이 이미 이루어진 것처럼 '모든 일이 행복하게 잘 풀렸습니다. 최선의 방법을 알려 주셔서 감사합니다. 감사합니다. 감사합니다!'라고 덧붙인 후 잤습니다.

🔽 여기까지 쓰고 난 후에 나머지는 신에게 맡기고 잠자리에 들었습니다. 그 아랫줄부터가 본문에서 이야기한 다음날 일어났을 때 신이 내려 준 해결책입니다.

🔼 날짜나 시간이 같은 숫자로 떨어지는 등 우연의 일치가 있다면 아무 문제도 없다는 '신의 암시'입니다.

32

즐거움이나 설렘 같은 감정도 의심할 것!

> 66
> 돈의 득실에서 자유로워지는 순간
> 돈의 흐름을 막고 있던 마음속의 얽매임과 집착이 사라집니다.
> 99

지금까지 이야기해 왔듯 분노, 걱정, 괴로움 같은 부정적인 감정에 포커스를 맞추는 것은 설정을 변경할 찬스이며 비교적 간단하기도 합니다.

'이런 감정은 이제 그만 느끼고 싶어!' 하고 알아차리기 쉽기 때문이죠.

까다로운 것은 즐거움, 설렘, 두근거림 같은 언뜻 긍정적으로 보이는 감정입니다. 많은 사람들이 기쁨이나 행복 같은 감정은 의심해 볼 생각 자체를 하지 않으니까요.

얼마 전에 지인이 추천한 호텔에 묵었습니다. 입이 마르도록 칭찬해서 기대가 이만저만이 아니었죠. 그런데 막상 가 보니 왠지 별로라는 느낌이 들었습니다. 아무리 좋게 보려고 해도 다음에 또 오고 싶다는 생각은 조금도 들지 않더군요.

'그 사람은 도대체 이 호텔의 어떤 점이 좋았을까?', '이 호텔을 왜 그렇게까지 칭찬한 거지?'

이리저리 생각하다 보니 짚이는 데가 있었습니다. 지인은 그 호텔의 VIP 손님이었습니다. 숙박할 때마다 객실 업그레이드 서비스를 받았고 VIP 라운지도 이용했죠. 다시 말해 특별대우를 받는다는 자부심과 우월감에 사로잡힌 나머지 호텔의 청결이나 안락함, 서비스의 질, 다른 호텔과의 차별성 같은 부분은 신경조차 쓰지 않았던 것입니다.

이 사례처럼 '특별대우를 받는 나'에 눈이 멀어 본질을 바로 보지 못하는 경우가 있습니다. 또한 득실에 얽매인 감정을 진짜 감정이라고 착각하는 경우도 있죠. 이해하기 쉬운 예를 들자면 천원샵에서 물건을 살 때입니다.

"요즘은 천원샵 물건도 질이 좋다니까!"
"1천 원치고는 정말 예쁘지 않아?"

당신도 한 번쯤은 이런 말을 해 봤을 겁니다. 그런데 당신은 그 상품이 1천 원이 아니었더라도 샀을 것 같나요?

물론 상품의 디자인이나 질에 정말 매력을 느껴서 샀다면 아무런 문제도 없습니다. 하지만 보통은 '이 정도 물건이 1천 원이면 이득'이라는 이유로 사는 경우가 많죠.

상품 자체에 가치를 느껴서 샀을 때와 1천 원이라는 싼 가격에 끌려서 샀을 때. 똑같이 두근거림, 설렘을 느낀다 해도 두 감정의 본질은 완전히 다릅니다. 물건을 샀을 때 즐거움을 느끼는 이유가 이득을 보거나 싸게 사서라면 풍요의 기준이 '득실'인 것입니다. 쇼핑할 때 쿠폰이나 포인트 카드를 꼬박꼬박 챙기는 사람이나 돈을 아끼려고 재료만 사다가 직접 만드는 데 집착하는 사람도 그런 경향이 있죠.

나도 예전에는 그랬습니다. 포인트 쌓는 기쁨에 몰두해

서 돈을 쓸 때의 즐거움을 느끼는 감도가 둔해졌습니다. 그 자리에서 물건을 샀을 때 느끼는 즐거움보다는 '이 정도 포인트면 뭐랑 교환할 수 있지?' 같은 쓸데없는 '득실의 설렘'에 집중했었죠.(포인트 카드를 없앤 이후엔 돈을 쓸 때의 제대로 된 가치를 즐길 수 있었습니다!)

'눈앞의 득실에 얽매이면 기회가 날아간다'에서도 이야기했듯 득실에 연연하면 풍요로워질 기회를 놓치고 맙니다. 득실이나 돈의 액수로 풍요를 계산하는 사고방식은 이제 그만 졸업하세요. 그런 세계에서 살아가는 한 영원히 만족감을 얻을 수 없으니까요.

물론 몇 백 원, 몇 천 원을 아꼈을 때 느끼는 행복을 진심으로 즐겁고 풍요롭게 느낀다면 취향의 문제이니 그 선택 역시 당신의 자유입니다. 앞으로도 쭉 '포인트 2배 적립!'을 즐기는 세계에서 살아가고 싶다면 그것 역시 당신의 자유죠.

하지만 이 책을 손에 든 당신이라면 '그런 즐거움 따윈 필요 없어!' 하고 생각하지 않을까요?

33

본질을 숨기는
'가짜 고민'에 주의하라

> 원래 마주해야 할 걱정이나 고민의 본질이
> 표면적인 부분에 가려지는 경우가 적지 않습니다.

지금까지 자신의 감정 하나하나를 똑바로 바라보고, 의심하고, 설정을 변경해 가는 방법에 관해 설명했습니다. 이는 요령만 터득하면 아주 간단한 일이죠. 하지만 때때로 진짜 감정에 도달하기 힘들 때도 있습니다.

바로 '가짜 고민'에 사로잡혀 있을 때입니다.

우리는 때때로 진짜 감정을 외면하고 싶어서 본질에서

벗어난 고민을 하는 일이 있습니다.

예를 들어, 세미나에 참석했던 한 여성은 바퀴벌레를 몹시 싫어해서 집에 있을 때면 바퀴벌레가 나올까 봐 늘 불안했다고 합니다. 그런데 어느 날 진짜로 바퀴벌레가 나타나서 기절할 만큼 무서웠다고 하더군요.

겉으로 보기에 이 여성의 고민은 '집에 바퀴벌레가 나오는 것'입니다. 하지만 그 여성이 정말로 싫어하는 건 바퀴벌레가 나오는 것 자체가 아닙니다. 바퀴벌레가 나올 때 느끼는 '무섭다', '불쾌하다'와 같은 감정이 싫은 것이죠.

내가 그 점을 지적하자 "그러고 보니 바퀴벌레가 나올 때마다 더는 이런 집에서 살고 싶지 않다고 생각했어요." 하고 말하더군요.

요컨대 이 여성의 진짜 고민은 '지금 사는 집'인 것이죠. 그 여성의 감정을 조금 더 깊이 파고들어 간 후에 알아낸 진짜 고민은 다음과 같았습니다.

'이사하고 싶지만 지금보다 더 깨끗한 집은 월세가 비싸다. 월세를 지금보다 더 많이 부담하기는 불안하다.'

다시 말해 원래 직시해야 할 고민은 '지금 사는 집에 불만이 있지만 월세를 지금보다 더 많이 부담하기는 무섭다'

인 것이죠. 이 고민을 해결하려면 과감히 마음에 드는 집으로 이사한 후에 어떤 감정이 드는지 다시 한 번 확인해 봐야 합니다.

'정말 쾌적해! 계속 이 집에서 살고 싶어!'라는 감정을 느낄지 아니면 '쾌적함이고 뭐고 월세가 너무 부담돼! 아무래도 월세가 더 싼 집을 알아봐야겠어'라고 느낄지는 실제로 이사해 보기 전까진 결코 알 수 없습니다. 따라서 직접 이사해 본 후 어떻게 할지를 본인이 직접 선택하면 그만입니다.

이처럼 원래 마주해야 할 걱정이나 고민의 본질이 표면적인 부분에 가려지는 경우가 적지 않습니다.

문제의 표면에 의식을 빼앗기지 않도록 주의하세요.

'이 고민의 본질이 뭘까?'
'나는 어떤 감정을 느끼는 게 싫은 거지?'

이렇게 항상 자신에게 물으면 고민의 본질을 파악할 수 있습니다.

34

누구도 궁금해 하지 않던
자신의 진짜 감정

> 글로 쓰면 지금의 나를 있는 그대로 바라볼 수 있습니다.
> 그것이야말로 진정한 자기 긍정이며 진짜 자신을 받아들이는 것입니다.

　사실 '설정 변경'에는 끝이 없습니다. 더 좋은 세계를 보고 싶은 마음이 있는 한, 얼마든지 감정을 의심하며 꾸준히 스테이지를 변경할 수 있죠.

　설정 변경이란 자신의 감정을 궁금해하고 그 감정을 의심하는 것입니다. 지금까지 누구도 알고 싶어 하지 않았던 당신의 감정을 스스로 궁금해하며 질문해 주는 것이죠.

그러다 보면 어린 시절의 괴로운 기억이나 트라우마로 인해 생긴 감정과 마주할 때도 있습니다. 여태껏 잊고 지내던 기억이 어느 날 문득 되살아나기도 합니다. 때로는 너무 괴로워서 도망치고 싶은 감정과 마주해야 할 때도 있죠. 많고 적고의 차이는 있지만 누구나 어린 시절의 상처를 안고 살아갑니다.

'아무도 나를 보살펴 주지 않았어.'
'외로웠어. 무서웠어.'

마음속 깊이 자리 잡고 있던 이런 생각에 발목을 붙잡힌 채 스스로 자신을 꽁꽁 옭아매는 설정을 만들어 내는 일도 흔히 일어납니다.

'나는 저 사람이 사과하지 않는 한 행복해질 수 없어.'
'내가 행복해지면 저 사람이 나한테 한 잘못이 괜찮다는 게 되잖아. 그런 건 절대 용납할 수 없어.'

이렇게 생각하며 지금의 자신이 행복해지지 못하도록

스스로 가로막는 사람도 있죠. 하지만 우리는 이제 성인입니다. 스스로 자기를 배려하고 성장시키고 보살필 수 있죠. 과거의 힘든 기억을 거부하거나 외면하지 말고 똑바로 바라보세요.

'그때는 참 힘들었지.'
'잘 견뎌냈구나.'

이렇게 자신의 감정을 인정하고 받아들이고 해방시켜주세요. 중요한 것은 지금입니다. 과거의 힘겨웠던 자신과 그 감정을 버리라는 게 아닙니다. 곁에 다가가 승화시켜주는 것이죠.

나도 오랫동안 엄마에게 맺힌 응어리가 있었습니다. 엄마는 유치원 선생님이셨고, 나는 엄마가 일하는 유치원에 다녔습니다. 어린 나는 엄마의 사랑을 독차지하고 싶었습니다. 그래서 엄마가 다른 아이들과 나를 똑같이 대하는 게 억울하고 슬퍼서 견딜 수 없었죠. 한 번은 유치원에서 "엄마." 하고 불렀다가 "선생님이라고 불러야지!" 하고 꾸중을 들었습니다. 다른 아이들의 알림장을 쓰느라 내 이야기를 무시했던 기억도 있고요.

항상 그랬던 것도 아니고 고작 한두 번 있었던 일입니다. 그런데도 나는 '엄마는 일에만 정신이 팔려서 나를 돌봐 주지 않았어. 엄마라고 불렀다가 혼났어'라는 '환상'을 선택한 채 어른이 되었습니다. 그리고 내가 아이를 낳은 후에는 '절대 엄마 같은 엄마는 되지 않을 거야!', '아이를 두고 외출하는 엄마는 나쁜 엄마야!' 하며 스스로 나 자신을 꽁꽁 옭아맸죠.

그때는 내가 원해서 그런 감정을 선택했다는 사실을 알아차리지 못했습니다. 하지만 모두 다 내 선택이었음을 깨달은 후에는 '끊임없이 엄마를 원망하면서 내 자유를 억압한 채 살아가는 것은 이제 그만두자!' 하고 결정했습니다.

이후 엄마의 당시 상황을 이해하고 용서하려고 노력하며 나를 옭아매고 있던 설정을 변경한 결과, 엄마와의 사이가 많이 회복되었습니다.

당신이 행복해지는 데는 누구의 허락도 필요치 않습니다. 행복해지겠다는 각오만 있으면 충분하죠. 결정만 하세요. 그리고 노트에 감정과 생각만 쓰면 됩니다.

지금 내가 두렵다고 느끼는 10가지

글에 나타나 있는 그대로의 자신을 바라보는 과정이 당신을 힘들게 할 수 있습니다. 하지만 걱정하지 마세요. 지금의 설정을 변경하면 되니까요. 이 페이지는 자신에게 질문하고 대화하는 연습이기도 합니다. 지금부터 당신이 두렵다고 느끼는 10가지를 노트에 써 보세요.

예

아래는 5년 전에 내가 이 과제를 했을 때 적었던 내용입니다.

① 사람들 앞에서 말하기

② 세미나에 참석하기

③ 책 사기

④ 아이들을 두고 외출하기

⑤ 모아 둔 돈이 없는 것

몇몇은 앞에서도 소개했던 내용입니다. 지금 보면 피식 웃음이 나지만 그 당시에는 정말 두려웠죠. 여기에서는 ②에 대한 감정을 어떤 식으로 파고들어 갔는지 소개하겠습니다.

② 세미나에 참석하기 두려운 이유가 뭔데?

　→ 돈과 시간이 없어지니까. 아이들을 돌봐야 하니까.

　→ 그럼 돈과 시간이 있고 아이들을 돌보지 않아도 된다면 세미나
　　에 갈 수 있다는 거야?

이렇게 질문과 대답을 이어나가면서 내 설정이 '내 자유는 돈과 시간에 달려 있다. 아이가 있으면 부자유스럽다'라는 사실을 깨달았습니다.

'지금 두렵다고 느끼는 10가지'는 지금의 설정을 깨닫기도, 변경하기도 쉬운 과제입니다. 노트에 쓴 다음 질문과 대답을 반복하면서 설정 변경을 연습해 보세요.

4장

돈을 부르는 3줄 노트 들여다보기

당신도 돈의 신에게 사랑 받을 수 있다

35

노트와 펜만 있으면
인생이 달라진다

> 돈의 신에게 사랑 받는 노트 쓰기의 처음이자 마지막 준비물은
> 비싸고 싸고를 떠나 자신이 좋아하는 노트와 펜을 준비하는 것이죠.

자, 이제 드디어 노트 쓰는 방법을 설명할 차례군요.

3줄 노트에서 가장 중요한 것은 자신의 감정을 글자, 즉 눈에 보이는 형태로 바라보는 것입니다. 준비물은 노트와 펜이면 충분합니다!

우선 비싸고 싸고를 떠나 자신이 좋아하는 아이템을 갖추세요. 마음에 드는 아이템을 갖춰 두면 기분이 좋아져

서 노트를 꾸준히 쓰는 데 도움이 됩니다. 너무 당연한 사실이지만, 많은 사람들이 가격에 얽매여 저렴한 걸 찾거나 오히려 취향이 아님에도 비싼 걸 사곤 합니다. 매일 펼쳐보고 싶을 정도로 꼭 맘에 드는 노트와 펜을 준비하길 바랍니다.

나는 루이비통 노트를 자주 애용합니다. 가끔 몰스킨이나 라이프, 츠바메 노트도 사용하죠. 참고로 줄이 없는 무지 노트를 선호하는데, 테두리나 줄이 있으면 규칙이나 틀처럼 느껴져서 노트를 잘 안 쓰게 되기 때문이죠. 나는 아무 무늬 없는 새하얀 종이에서 자유로움을 느낍니다.

여러분이 노트를 고를 때는 디자인이 마음에 드는 것을 선택해도 좋고, 종이 질감이나 글씨를 쓸 때 감촉이 좋은 것을 선택해도 좋습니다. 다시 말하지만 무엇보다 당신의 마음에 드는지 아닌지가 가장 중요하다는 걸 기억하세요.

펜도 마음에 드는 것이면 무엇이든 상관없습니다. 나는 잉크를 교체할 수 있는 만년필을 애용합니다. 색깔은 주로 남색이나 파란색을 쓰고 중간 중간 빨간색도 사용합니다.

맞춤 제작한 펜 케이스에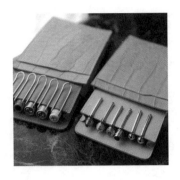
만년필을 넣어서 언제 어
디든 들고 다니죠. 옆의
그림처럼 맞춤 제작한 악
어가죽 펜 케이스는 정말
아끼는 아이템이라 볼 때
마다 가슴이 두근두근 합니다.

  하지만 '마음에 드는 노트와 펜이 없으면 노트를 쓸 수
없어!'일 정도로 아이템에 집착하지 않도록 주의하세요.

36

초간단 3줄 노트의
활용법과 작성법

> "
> 노트를 작성할 때
> 주어는 무조건 '나'로 해서 씁니다.
> "

내가 추천하는 3줄 노트 활용법과 작성법을 알려 드리겠습니다.

먼저 노트 활용법입니다. 가능한 한 일기처럼 매일 쓰는 게 좋지만 기분이 가라앉을 때, 책을 읽다가 어떤 문구를 읽고 마음이 움직였을 때, 누군가가 한 말이 자꾸 마음에 걸려 찜찜할 때 등등 감정이 술렁일 때만 써도 괜찮습니다.

자신을 힘들게 하는 상사나 마음에 들지 않는 동료나 친구에 대한 내용도 좋습니다. 지금의 세계에서 일어나는 불만이나 감정들을 솔직히 써 내려가 보세요.

그런 감정이 드는 까닭은 스스로 구체적으로 깨닫지 못한 견디기 힘든 일이 있거나 위화감을 느끼기 때문이니까요.

그런데 얼마간 노트를 꾸준히 쓰다 보면 감각이 예민해져서 다양한 일들이 더욱 복잡하게 엉키는 느낌에 혼란스러워지는 시기가 옵니다. 그런 느낌이 들기 시작하면 '주제별로 노트를 구분해서 쓰는 게 낫지 않을까?' 하는 생각이 들기도 하죠. 하지만 나는 노트 한 권에 전부 다 기록하는 방법을 추천합니다. 노트를 구분해서 쓰면 감정이 분산되기 쉬우니까요. 당신이 느끼는 것은 주제가 달라도 분명 어느 정도 일관성이나 경향이 있게 마련입니다. 예를 들어, '상사의 지시는 무조건 따라야 한다'거나 '친구나 동료와는 무조건 잘 지내야 한다.' 같은 설정이 있었음을 깨닫게 되는 거죠. 한 권에 감정을 모두 정리하는 편이 이런 경향을 알아차리기 쉽습니다.

다음은 노트 작성법입니다.

여러 번 말했듯이 노트를 쓰는 이유는 당신의 감정과 마주하기 위해서입니다. 따라서 주어는 언제나 '나'로 하세요.

'나는 어떻게 느꼈지?'

'나는 어떻게 생각했지?'

'나에게는 어떻게 보였지?'

그리고 알기 쉽게 쓰거나 읽기 쉽게 쓰자는 생각은 절대 금물입니다. 그런 생각이 드는 순간 제3자의 시선으로 바뀌면서 진짜 감정을 있는 그대로 드러내지 못하게 되니까요. 무엇보다 중요한 것은 '당신이 어떻게 느끼는가', '당신이 어떻게 하고 싶은가', '당신이 어떤 세계를 꿈꾸는가'입니다. 이 점을 놓치지 말아야 다른 누구도 아닌 당신 자신의 기대에 부응할 수 있습니다.

37

놓치지 말아야 할
3줄 노트의 핵심 포인트

> 66
>
> 생각과 감정으로 만들어진 환상을 제거하고
> 될 수 있는 한 가장 간결하게 팩트만 작성하세요.
>
> 99

그럼 이제 3줄 노트 쓰는 법을 설명하겠습니다.

3장에서 설명한 설정을 변경하는 3가지 순서를 기억하시나요?

1단계: 관찰－지금의 나를 직시한다.

2단계: 감정－지금의 감정을 오롯이 느낀다.

3단계: 결정-원하는 세계의 설정을 정한다.

'관찰'이란 있는 그대로의 감정을 노트에 적은 후 '왜 그렇게 느끼는데?', '어째서 그렇게 생각해?', '그렇다면 솔직히 어떻게 하고 싶은데?' 하고 질문하며 감정을 깊이 파고들어 가면서 지금 자신이 갖고 있는 설정을 깨닫는 것입니다.

막상 실제로 해 보면 앞에서 언급한 것처럼 상상했던 것보다 더 노트가 엉망진창이 되고 동시에 머릿속이 혼란스럽고 복잡해진 기분이 들 수 있습니다. 아니, 정리되지 않은 상태의 머릿속 카오스는 상당히 깊어서 어디서부터 어떻게 정리해 가야 할지 갈피를 못 잡는다는 표현이 더 적절할지 모르겠군요.

3장에서 이야기했듯 어떻게 해야 할지 몰라 막막할 때는 일단 방치해 두는 것도 중요한 포인트입니다. 어차피 언젠가 그 문제와 마주해야 할 순간은 반드시 찾아오니까요! 그런 경우를 제외하고 '아, 설정을 이렇게 변경해야겠다!' 하는 느낌이 들 때는 변경한 설정을 가슴에 새기는 차원에서 '3줄'로 정리를 시작합니다.

앞에서 나는 어릴 적 엄마에게 맺힌 감정을 풀지 못한 채 어른이 되었고, 아이를 낳은 후에는 절대 엄마 같이는 되지 않겠다며 스스로 올가미를 맸던 에피소드를 소개했습니다.

그 에피소드를 예로 들면 다음과 같이 정리합니다.

- 관찰

  나에게는 '아이를 두고 외출하는 엄마는 나쁜 엄마다'라는 설정이 있다.

- 감정

  죽을 때까지 엄마를 원망하기도 싫고, 나 자신을 옭아맨 채 살아가기도 싫다!

- 결정

  아이와 계속 함께하지 않아도 괜찮다.

자신의 감정을 계속 파고들어 가다 보면 '응? 내가 어떤 감정을 파고들고 있었지?', '이 설정을 어떻게 느꼈더라?' 하고 갈피를 잃을 때가 종종 있습니다. 그럴 때는 3줄 노트로 생각을 정리해 보세요. 3줄 노트는 설정을 변경한 자신에게 하는 '결의 표명' 같은 것입니다. 그와 동시에 받아들이고, 느끼고, 결정한 내용을 잘 연관 지어 받아들일 수 있죠.

그렇기에 더욱 마지막에 쓰는 3줄 노트는 간결하게 정리하는 게 중요합니다. 처음에 노트를 펼치고 떠오르는 대로 써 내려간 당신의 감정은 노트를 한가득 채울지도 모릅니다. 하지만 거기에서 도출해 낸 지금의 설정은 의외로 단순할 것입니다. 환상은 제한이 없기에 방대해지기 쉽지만 사실(팩트)은 언제나 아주 심플하기 때문이죠.

이 점을 정확히 깨닫기 위해서도 3줄 노트로 마무리하는 습관을 꾸준히 이어나가야 합니다.

38

'최종 설정'을 바꾸는
3단계

> 노트에 적힌 내용을 3단계로 쪼개어
> 환상과 팩트를 나누고 최종 설정을 바꿔 보세요.

그럼 이제부터 3줄 노트를 쓰는 순서를 설명하겠습니다. 나는 노트를 펼치면 누구에게도 보여 주지 않는다는 전제하에 오늘 있었던 일이나 지금의 감정을 속속들이 적어 내려갑니다.

'누군가 노트를 읽는다면 내 인생은 끝장이야!' 하는 생각이 들 만큼 솔직하게 적으세요.

1단계: 관찰

① 감정을 있는 그대로 적는다(캐릭터 관점).

마음에 걸리는 일, 화가 났던 일을 아무런 여과 없이 써 내려가세요.

② 사실과 환상을 구분한다(플레이어·우주적 관점).

사실에는 네모박스 치기, 환상에는 밑줄 긋기 등, 자기만의 규칙을 정해서 사실과 환상을 구분하세요.

③ 환상(감정) 부분을 깊이 파고들며 생각을 거듭한다.

'왜 그렇게 생각하는데?', '어째서 그렇게 느끼는데?', '그렇다면 지금의 내 설정은 뭐지?' 하고 질문에 질문을 반복하면서 깊이 파고들어 가세요.

④ 현재의 설정이 무엇인지 깨닫는다.

③에서 얻은 결과가 스스로를 얽매고 있던 고정관념이나 설정이었다는 사실을 받아들입니다.

2단계: 감정

① 1단계에서 도출된 현재의 설정을 어떻게 생각하는지 다시 한 번 느낀다.

'솔직히 어떻게 하고 싶어?' 하고 자신에게 질문하세요.

3단계: 결정

① 2단계의 ①에서 느낀 감정에 맞춰 설정을 바꿀지 말지를 정한다.

현재의 설정을 계속 즐길지, 그만둘지, 설정을 변경할지 선택합니다.

② 3줄로 정리한다.

그럼 이제 사례를 바탕으로 구체적으로 설명해 보겠습니다. 다음 사례는 2012년 어느 날에 적은 실제 메모 내용입니다. 노트에 적힌 내용을 사실과 환상으로 구분해 볼까요?

그동안 미루어 두었던 영수증을 정리했다. 주스를 많이 만들어 먹어서 식비가 엄청났다. 하지만 건강과 관련된 지출은 나를 위한 투자다! 5월부터는 신용 카드를 쓰거나 인터넷 쇼핑을 하면 바로바로 가계부에 기입해야겠다. 1개월 동안 쓴 총액이 얼마인지보다는 하나하나가 꼭 필요한 지출이었는지 꼼꼼히 확인하면서 빠짐없이 기록하자!

'사실'은 네모박스 안의 '영수증을 정리했다' 뿐입니다. 밑줄 친 부분은 모두 환상이죠. 환상(감정) 중에서 깊이 파고들어가 보기로 결정한 부분은 물결 모양으로 밑줄 친 '엄청나다'입니다.

- 왜 엄청나다고 생각하는데?
  - → 생각보다 돈을 많이 써서.
- 생각한 돈이 얼만데?
  - → 월 30만 원으로 한도를 정해 둔 식비.
- 이 한도를 보면 어떤 느낌이 들어?
  - → 속상해.
- 왜 속상한데?
  - → 맛있는 식재료를 먹으면서 풍요로운 식생활을 즐기고 싶으니까.

여기까지 질문을 반복한 후에 문득 '영수증을 정리하기 시작한 것도 풍요로운 삶을 살고 싶어서'였음을 깨달았습니다. 그리고 그 풍요로움을 느끼려고 주스를 많이 만들어 먹었던 것이었죠. 요컨대 내가 원하는 풍요로운 식생활은 이미 이루어져 있었습니다. 그런데도 내 설정은 '식비는 월 30만 원을 넘기지 말아야 한다'였죠. 이미 이루어진 풍요로운 식생활을 하마터면 놓칠 뻔했던 것입니다.

주스를 많이 만들어 먹는 지금의 현실은 내가 원해서 이루어졌을 뿐이라는 사실을 깨달은 나는 다시 한 번 '식비 한도에 연연하기보다는 생활수준에 맞는 범위 내에서 풍요로운 식생활을 마음껏 즐기자'고 결정했습니다.

마지막에 정리한 3줄 노트는 다음과 같습니다.

1. 관찰: '식비는 월 30만 원을 넘기지 말아야 한다'는 설정이 있다.
2. 감정: 풍요로운 식생활을 즐기는 데 돈을 쓰고 싶다는 마음이 들어 속상했다.
3. 결정: 식비 한도에 연연하기보다는 생활수준에 맞는 범위 내에서 풍요로운 식생활을 마음껏 즐기자!

이렇게 결정한 후로는 식비 한도에 대한 걱정을 내려놓고 편한 마음으로 주스를 만들어 마셨습니다. 그리고 지금은 식비 한도액을 정해 두지 않고 좋아하는 음식을 마음껏 먹으며 생활하고 있습니다.

자, 어떤가요? 정말 간단하지 않나요?

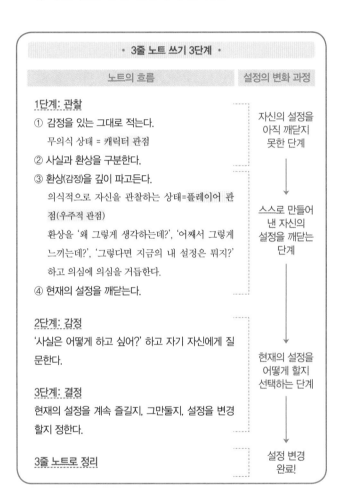

3줄의 마법 Note tip

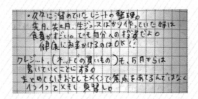

⬆ 앞에서 사례로 든 193쪽의 내용을 실제로 적은 노트입니다. 이 글은 사실과 환상의 차이를 쉽게 이해할 수 있어서 세미나에서도 자주 사용합니다. 노트를 다시 훑어보니 '식비가 엄청나다니, 엄청난 게 대체 뭔데?' 하는 생각이 들더군요. 그리고 나를 위한 투자라며 환상에 결의를 다지는 나를 보며 저도 모르게 웃음이 터지고 말았습니다.

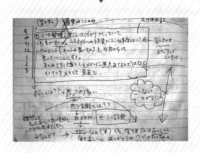

⬆ 윗쪽 노트에 적은 '엄청나다'라는 '환상'을 의심하며 설정을 변경해 가는 과정입니다.

39

미리 감사하고
또 감사하라

> 66
>
> 아직 이루어지지 않은 일도 마치 일어난 일처럼
> 미리 감사한다면 언젠가 꼭 이루어집니다.
>
> 99

지금까지 설정을 변경하는 순서와 3줄 노트 쓰는 법을 집중적으로 설명했습니다. 오늘부터라도 짜증날 때나 불안할 때, 답답할 때 등 조금이라도 감정에 변화가 생긴다면 노트를 펼쳐 보세요. 노트를 쓰지 않은 날에도 그날의 분량인 2쪽을 공백으로 남겨 둡니다. 아무것도 쓰지 않은 날 역시 인생의 소중한 발자취 중 하나니까요.

다음은 내 노트의 나흘 연속 공백인 부분입니다. 하루도 빠짐없이 꼭 쓰겠다는 규칙을 세우지는 마세요. 공백으로 남겨 두는 것도 '쓰지 않았다는 기록'입니다.

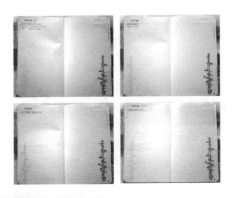

나는 매일 노트를 쓰므로 날짜와 시간은 스탬프로 찍습니다. 아침에 아이를 어린이집에 보낸 후에 잠시 한숨 돌릴 때 노트를 펼쳐 날짜 스탬프와 시간 스탬프를 찍고 전날 밤이나 오늘 아침에 느낀 일, 깨달았던 일을 적어 내려갑니다. 그리고 일하는 틈틈이 쓰고 싶은 내용이 생길 때마다 노트를 펼칩니다.

노트를 쓸 때는 언제나 만년필을 사용하는데, 주로 남색이나 파란색을 씁니다. 어떻게 해야 할지 막막할 때나 결정은 했지만 구체적인 방법이 떠오르지 않을 때는 빨간색 만년필로 다음과 같이 적어 둡니다.

'모든 일이 행복하게 잘 풀렸습니다. 멋진 방법을 알려
주셔서 감사합니다.'
'최고의 방법으로 소원을 이루어 주셔서 감사합니다.'

이렇게 우주와 신에게 가장 좋은 방법을 내려 달라고 부탁할 때는 아직 이루어지지 않은 일도 마치 이루어진 양 쓰는 게 포인트입니다. 이렇게 신에게 방법을 맡겨 두면 대부분 어느 샌가 이루어지죠. 그리고 소원이 이루어지면 신에게 소원을 빌었던 페이지에 '이루어졌습니다! 감사합니다. 감사합니다. 감사합니다'라고 적습니다.

펜 색깔은 자기가 좋아하는 색으로 편하게 구분해서 쓰면 됩니다. 앞에서 몇 가지 노트 활용법과 작성법을 소개했지만, 노트를 써 가다 보면 각자 자신에게 맞는 구체적인 노트 쓰기를 발견하게 됩니다. 따라서 글을 쓰는 데 엄격한 규칙을 정해 두어 집착할 필요는 없습니다. 도리어

그것이 자신을 직시하는 데 방해가 되기도 하니까요.

3줄 노트는 '나와 마주하고 신과 대화하는 가장 편한 비밀 공간'입니다. 각자 자기에게 맞는 가장 편한 방식을 발견했다면 그 방식대로 즐기면서 쓰면 됩니다.

중요한 건 자신에게 솔직할 것, 우주와 신에게 맡겨둘 것, 항상 감사할 것, 이 3가지이니까요.

3줄의 마법 Note tip

🔵 아직 이루어지지 않은 소원
도 이미 이루어진 일처럼 쓰고,
마지막은 '소원이 이루어지는
경로는 모두 신에게 맡깁니다'
로 마무리합니다.

🔵

🔵 표시된 동그라미 부분처럼
소원이 이루어진 후에는 빨간
색 만년필로 '소원이 이뤄졌어
요! 감사합니다, 감사합니다, 감
사합니다'라고 신에게 감사 인
사를 덧붙여 둡니다.

40

소원이 반드시
이루어지는 비결

> 자잘한 소원 너머로 커다란 꿈을 '어렴풋이' 그려 보세요.
> 그러면 소원은 보다 빠르고 정확히 이루어질 겁니다.

소원을 쓸 때는 요령이 있습니다.

먼저 그 소원을 이루고 싶은 이유는 무엇인지, 소원을 이룸으로써 실현하고 싶은 꿈이 무엇인지, 나 자신과 대화하면서 마음속에 떠올리세요.

예컨대 내 비전은 '행복한 미녀 부자'입니다. 왜냐하면 내 꿈이 '세상의 모든 여성이 진심으로 행복해지도록 해

주세요!'이기 때문입니다. 그리고 내가 행복한 미녀 부자여야만 다른 사람의 행복을 도울 수 있다고 믿는 것이죠.

나는 여성이 가진 감수성의 무한한 힘, 여성으로서 살아가는 기쁨, 여성 스스로가 행복해지면 그 행복이 가족이나 사랑하는 사람에게 순환하여 세상이 행복하게 변한다는 사실을 전하고 싶다는 '인생의 꿈'이 있습니다.

앞에서도 여러 차례 이야기했듯 '결정'을 하고 나면 자신도 모르게 스스로 에너지를 쏟게 됩니다. 그러면 인생의 꿈과 연결된 소원을 이룰 아이디어가 자연스럽게 떠오르죠.

- 블로그에 글을 많이 쓰자(최대한 풍성하게 표현하자!).
- 책을 많이 읽자.
- 책을 통해 쌓은 지식을 경험으로 바꿔 나가자.
- 내 경험을 사람들에게 전하자(세미나를 개최하자).
- 내 마음을 담아서 전파할 상품을 많이 개발하자.
- 나 스스로 행복해지자!
- 내가 먼저 행동하고 실천하자!

그 결과 소원이 쉽고 빠르게 이루어지고, 언제나 소원했던 것 이상을 끌어당기게 됩니다.

* 책을 출간했습니다.
* 책이 많이 팔렸습니다.
* 세미나에 참석하는 사람이 많아졌습니다.
* 블로그에 올린 글을 읽는 사람이 많아졌습니다.
* 내가 행복을 실현했습니다(이것이 내가 행복한 미녀 부자여 야만 하는 이유입니다).

덧붙여 나는 하나의 의식처럼 달이 차고 이지러짐에 맞춰 노트에 소원을 씁니다. 초승달이 뜬 밤이면 소원을 이루어 달라고 빌고, 보름달이 뜬 밤이면 필요 없는 것을 없애 달라고 빌죠.

매일 쓰는 노트는 일상 생활 속에서 깨달은 설정을 그때그때 변경해 가는 방식이므로, 달에게 소원을 비는 것과는 목적이 조금 다릅니다. 보통 나는 변경한 설정과 관련된 소원보다는 인생이나 나 자신을 포괄하는 큰 소원을 빕니다. 예를 들면 '제 회사가 세상의 모든 여성에게 행복을 선사하게 해 주세요'와 같은 식이죠.

평소에 설정 변경을 반복하다 보면 가끔은 달에게 잘못된 소원을 빌었다고 깨닫는 경우도 있지만 그래도 상관없습니다. 나는 지금까지 수없이 많은 소원을 달에게 빌었고 모두 이루어졌습니다.

자, 당신이 소원을 비는 이유는 무엇인가요?

마음속에 그린 명확한 꿈을 이루고 싶어서 소원을 비는 사람은 그 꿈을 실현하기 위해 하는 행동을 조금도 괴롭게 여기지 않습니다. '단, 아무런 노력 없이'라는 조건을 붙인 뻔뻔한 소원을 빌지도 않죠. 소원 안에 들어 있는 자신의 꿈을 잊지 마세요. 그리고 자신의 감각을 믿으세요. 그러면 우주는 당신의 소원을 쉽게 이루어 줍니다!

3줄의 마법 Note tip

⬆ 프랑스를 여행하고 싶다는 소원을 적은 노트입니다. 여행에서 느낀 감동과 행복, 자유를 많은 사람에게 순환시키고 싶다고도 적혀 있습니다.

초승달이나 보름달이 뜬 날에는 큼직한 소원을 빌기 때문에 사진을 붙여도 좋습니다. 어렴풋이 꿈을 그리세요. '어렴풋이'가 포인트입니다. 그러면 평소에 설정을 변경해 가는 과정에서 '아, 내 진짜 소원은 그게 아니었구나.' 하고 깨닫기도 합니다. 꿈이나 소원을 인생의 목표나 목적으로 하지 않아도 그때 그때 필요한 소원은 이뤄지게 됩니다.

41

고민을 해결하는
3줄 노트 실전 사례

> 남의 시선이 아닌 자신의 시선을 우선시 하는 습관이 들면
> 자연스럽게 스스로 반짝반짝 빛이 날 겁니다.

여기서는 돈에 관한 고민을 3줄 노트로 정리하며 설정을 변경한 실제 사례 5가지를 살펴보겠습니다. 사례는 다음과 같은 순서로 구성되어 있습니다.

•현재 상황: 독자가 이해하기 쉽도록 사례 주인공의 현재

상황을 풀어서 설명했습니다.

- **오늘의 노트:** 현재 상황을 바탕으로 사례 주인공이 실제로 쓴 내용입니다. 누군가에게 보여 주기 위해 작성한 것이 아니므로 내용이 논리정연하지는 않습니다.

- **설정 변경 3단계:** '오늘의 노트'에 적은 내용의 환상과 사실을 구분하여 사실 부분은 네모박스로, 감정 부분은 물결로 밑줄 쳐 표기했습니다. 그 다음 '직시하다', '느끼다', '결정하다'의 순서를 확인하면서 노트를 재작성했습니다.

- **3줄 노트:** '오늘의 노트'를 3줄로 정리하고 변경한 설정을 다시 한 번 마음에 새깁니다.

- **Sakiko's ADVICE:** 해당 사례에 조언한 내용입니다.

5가지 실제 사례에 이어 직접 연습해 볼 수 있도록 3줄 노트 양식을 넣어 두었습니다. 사례를 다 읽고 나면 곧바로 시작해 보세요!

자꾸만 돈을 빌려 달라고 하는
애인과 헤어지고 싶다

현재 상황

남자친구가 버릇처럼 돈을 빌려 가서 고민이다. 사귀기 전에는 성격이 잘 맞는다고 생각했지만 동거를 시작한 후부터는 의존적인 태도가 거슬리게 되었다. 집안일은 그런대로 도와주는 편이지만 프리랜서 디자이너여서 수입이 적은 편이다. 빌려 준 돈을 갚는 일은 거의 없어서 짜증이 점점 심해져만 간다. 헤어지고 싶지만 계속 망설여진다.

오늘의 노트

아, 정말 짜증난다.

남자친구가 또 술 약속이 있다며 돈을 빌려 갔다! (사실)

어이가 없다!

얼마 전에도 빌려 줬잖아! 내가 정말 바보 같다!!

내가 네 엄마냐? 응석 좀 그만 부려!! (네모 안 문장을 제외하고는 전부 환상)

설정 변경 3단계

1. 직시하다

- 왜 짜증나는데?

    → 돈을 빌려 주면 기분이 나빠지니까!!

- 왜 기분이 나쁜데?

    → 나한테 돈을 빌려서 술 마시러 나가는 걸 보면 나를 만만하게 여기는 것 같으니까.

- 그런데 왜 계속 돈을 빌려 줘?

    → 돈이 없어서 곤란해 하니까. 빌려 주지 않으면 기분 나빠하거나 나를 싫어할까 봐.

- 그렇다면?

    → 남자친구의 기분을 맞춰 줘야 한다는 설정과 남자친구에게 도움이 되어야 가치 있는 여자라는 설정, 나는 이 2가지 설정으로 현실을 즐기고 있다.

2. 느끼다

- 지금의 설정에 대해 어떻게 생각해?

    → 여태까지는 돈을 빌려 달라고 하는 남자친구가 나쁘다고만 생각했다.

그런데 내가 미움 받을까 봐 두려워했을 뿐이었다. 더는 돈으로 남자친구의 비위를 맞추고 싶지 않다! 상대가 더 믿음직한 남자가 되었으면 좋겠다!! 더 남자다워졌으면 좋겠다!!

만만한 여자는 이제 싫다!!

3. 정하다

다시는 돈을 빌려 주지 않겠다!!

3줄 노트

1. 관찰 → 남자친구가 술 마시러 갈 때마다 내게 돈을 빌린다.
2. 감정 → 여자 친구에게 돈을 뜯어가는 남자는 싫다! 만만한 여자가 되고 싶지 않다!
3. 결정 → 앞으로는 남자친구뿐 아니라 어느 누구에게도 절대 돈을 빌려 주지 않겠다!

강제로 빼앗아간 것이 아닌 이상, 돈을 빌려 주기로 결정한 사람은 자기 자신입니다. 사실은 빌려 주고 싶었던 것이죠. 이 점을 확실히 인정하고 받아들여야 합니다. 그 사실을 있는 그대로 받아들여야만 '나는 앞으로 어떻게 하고 싶은가?'라는 본질적인 부분을 결정할 수 있습니다. 이것은 돈뿐만이 아니라 집안일이나 업무 등도 마찬가지입니다.

Case 2

남편이 번 돈으로 눈치가 보여
내 것을 사기가 힘들다

현재 상황

결혼 후 출장이 잦은 남편을 내조하려고 회사를 그만두고 전업주부가 되었다. 집안일에 최선을 다하고 있긴 하지만 완벽하다고 말할 만큼의 자신은 없다. 사실은 좀 더 자주 외출하거나 친구들과 만나서 술도 한잔하고 싶다. 하지만 남편에게 미안한 마음이 들어 꺼려진다. 남편이 벌어 온

돈으로 내 옷이나 화장품을 사기도 어쩐지 눈치 보인다.

오늘의 노트

오랜만에 B에게 연락이 와서 모임을 갖기로 했다. 그래서 남편에
게 새 옷을 사고 싶다고 했더니 "옷 많잖아! 세일 기간도 아닌데
낭비 아니야?" 하고 말하며 (사실) 싫은 내색을 했다! 새 옷을 언
제 샀는지도 까마득할 정도인데… 전업주부는 옷도 사면 안 된
다는 거야? 아, 기분 나빠. (네모 안 문장을 제외하고는 전부 환상)

설정 변경 3단계

1. 직시하다

- 왜 기분이 나쁜데?

   → 남편이 나를 나쁜 아내라고 비난하는 듯이 느껴져서.

- 왜 그렇게 느꼈는데?

   → 솔직히 새 옷을 사고 싶다고 말할 때 나 스스로도 나
    쁜 아내처럼 느껴져서 조금 죄책감이 들었다.

- 그렇다면?

   → 좋은 아내이고 싶다는 설정과 좋은 아내는 참고 인

내해야 한다는 설정, 나는 이 2가지 설정을 갖고 현실을 즐기고 있다.

2. 느끼다

• 지금의 설정에 대해 어떻게 생각해?

→ 애초에 좋은 아내란 무엇일까? 나는 나도 남도 '인내하는 아내가 좋은 아내'라는 잣대로 바라보았고, 남편에게도 늘 인내하는 모습을 보이며 좋은 아내임을 어필하려 했다. 하지만 좋은 아내의 기준은 인내하는 것만이 아니다!!

3. 정하다

앞으로는 나도 남도 '인내하는 아내가 좋은 아내'라는 기준으로 평가하지 않겠다!

3줄 노트

1. 관찰 → 옷을 사고 싶다고 말했을 때 남편이 나를 나쁜 아내라고 비난하는 듯 느껴졌다.
2. 감정 → '인내하는 아내가 좋은 아내'라는 기준을 만든 것은

다름 아닌 나 자신이었다.

3. 결정 → 앞으로는 나도 남도 '인내하는 아내가 좋은 아내'라는 기준으로 평가하지 않겠다!

Sakiko's ADVICE

남편에게 죄책감이 들어서 자기 물건을 사지 못하는 것은 "나는 훌륭하고 올바른 아내랍니다"라고 말하는 것과 다름없습니다.

훌륭하고 올바른 아내란 무엇일까요? 여기에 정답은 없습니다. '자유롭고 당당한 아내가 멋진 아내다!'라고 자신의 설정을 바꾸더라도 남편이나 주변 사람들에게 어필할 필요는 없습니다. 스스로 결정하고 나면 배경은 자연스럽게 변해 가니까요.

어떤 '멋진 아내'를 즐길지는 당신의 자유입니다!

모아둔 돈이 없어서 불안하다

현재 상황

쇼핑을 좋아해서 저축을 잘 못하는 타입이다. 돈을 모으기 위해서 하고 싶은 일을 참을 바에야 차라리 돈이 없는 편이 더 낫다고 생각한다. 개인 사업을 해서 수입이 들쭉날쭉하지만 빚을 만든 적은 없다. 좋아하는 일을 직업으로 하고 있어서 그런대로 행복하지만 사실은 돈을 좀 더 모으고 싶다.

오늘의 노트

매년 해외 여행을 가는데 올해는 큰맘을 먹고 유럽으로 결정했다 (사실).

아, 정말 기대된다! 하지만 지난달에 신용 카드도 많이 썼고, 다음에 돈이 들어올 때까지 한참 남았으니 위험할지도 모르겠다. 하지만 항상 특별히 문제가 생기는 일은 없었으니까 괜찮을 거야!! 그래도 계속 불안하다. 모아둔 돈이 있으면 더 마음이 편할 텐데. (네모 안 문장을 제외하고는 전부 환상)

설정 변경 3단계

1. 직시하다

- 왜 모아둔 돈이 있으면 더 마음이 편할 거라고 생각하는데?
  → 여행이든 쇼핑이든 아무 거리낌 없이 즐길 수 있을 테니까.
- 지금은 왜 온전히 즐기지 못하는데?
  → 통장 잔액이 줄어드는 게 무서우니까.
- 그렇다면?
  → 모아둔 돈이 없으면 여행이나 쇼핑을 즐기지 말아야 한다는 설정과 빠듯하다는 생각에 조마조마해하며 즐기는 설정, 나는 이 2가지 설정을 갖고 현실을 즐기고 있다.

2. 느끼다

- 지금의 설정에 대해 어떻게 생각해?
  → 모처럼 즐거운 시간을 보내려고 여행을 가기로 결정했는데 여행하는 내내 돈 걱정에 불안해하며 보내고 싶지 않다!! 내가 원해서 유럽 여행을 결정한

거고 남에게 돈을 빌려서 가는 것도 아닌데, 대체 뭐가 그렇게 불안한 거지!?

내가 번 돈으로 유럽에 갈 수 있다는 즐거움보다 통장 잔액이 줄어드는 불안감을 즐기다니, 너무 바보 같다!! 이제 그런 짓은 그만두자!!

3. 정하다

예정된 유럽 여행을 마음껏 즐기자!!

3줄 노트

1. 관찰 → 통장 잔액이 줄어드는 게 불안하다.
2. 감정 → 돈 걱정을 하느라 여행의 즐거움을 제대로 누리지 못하는 게 싫다!!
3. 결정 → 유럽 여행을 마음껏 즐기자!!

돈이 줄어든다는 걱정에 사로잡혀 모처럼 이루어진 유럽 여행이라는 소원을 스스로 망치고 있군요. 원래는 소원이 이루어졌다는 데 포커스를 맞춰야 하는데 돈이 없어진다는 데만 생각이 쏠리다 보니 불안감만 점점 커지는 것입니다.

'왜 불안한 걸까?', '뭐가 무서운 거지?' 하고 질문을 거듭하면서 자신의 감정을 직시하고 나면 '모아둔 돈이 없으면 여행이나 쇼핑을 즐기지 말아야 한다'는 자신의 설정을 변경할지 말지 스스로 선택할 수 있습니다.

Case 4

쥐꼬리만 한 수입을
확 늘리고 싶다

현재 상황

회사에 다니면서 주말에는 취미를 부업으로 하고 있다. 부업으로 돈을 많이 벌면 회사를 그만둘 작정이다. 틈틈이 창업 세미나에 참석하거나 비즈니스 서적을 읽거나 동경의 대상을 만나 조언을 들으며 바쁜 하루하루를 보내고 있다.

페이스북에 올라온 A의 글을 보고 (사실) 우울해졌다. A는 정말 반짝반짝 빛나고 행복해 보인다. 다들 어쩜 그렇게 돈이 많은 걸까?

나도 나름대로 열심히 노력하는데 좀처럼 수입이 늘지 않는다. 무리하다가 건강을 해쳐서 회사를 그만두게 된다면 부업을 시작한 의미도 없어지고… 딜레마다. (네모 안 문장을 제외하고는 전부 환상)

설정 변경 3단계

1. 직시하다

- 왜 우울해졌는데?
  - → 내가 다른 사람들에 비해 빛나지 않는다고 느껴져서. 나도 반짝거리는 사람이 되고 싶은데 아무래도 힘들 것 같아서.
- 왜 힘들다고 생각하는데?
  - → 럭셔리한 레스토랑에서 식사를 즐기거나 명품 옷과

구두로 치장하려면 돈이 엄청나게 많이 들 테니까.

• 그렇다면?

→ 반짝거리는 사람이 되려면 돈이 많아야 한다는 설
정과 돈은 일한 만큼만 들어온다는 설정, 많이 일하
면 건강을 해칠 테니 반짝거리는 사람이 되고 싶지
않다는 설정, 나는 이 3가지 설정을 갖고 현실을 즐
기고 있다.

2. 느끼다

• 지금의 설정에 대해 어떻게 생각해?

→ 결국 나는 빛나는 사람이 되고 싶지 않았던 거잖아!!
아니, 그에 앞서 애초에 반짝반짝 빛난다는 게 뭘
까? 돈을 펑펑 쓰는 것? 내가 돈을 많이 벌고 싶은
이유가 뭐였지? 남들에게 반짝이는 모습을 과시하
고 싶어서? 아니다. 내가 진짜 원하는 것은 성취감
이다!! 결코 돈과 성취감은 같은 것이 아니다.

3. 정하다

럭셔리한 곳이 반짝여 보이는 이유는 가격이 비싸서가 아니다! 가격이 얼마인지를 따지기보다는 내가 정말 좋아하는 곳에 가고 좋아하는 일을 하자. 그것이 내가 생각하는 반짝임이니까!

3줄 노트

1. 직시 → 나는 돈이 많아야만 반짝반짝 빛나는 사람이 될 수 있다고 생각했다.
2. 감정 → 내가 일하는 이유는 돈을 펑펑 쓰면서 비싼 음식과 명품 옷, 명품 가방을 마음껏 즐기고 싶어서가 아니다.
3. 결정 → 좋아하는 곳에 가고 좋아하는 일을 하자. 그것이 내가 생각하는 반짝임이다!!

Sakiko's ADVICE

남에게 반짝이는 모습만 보여 주는 것은 그리 어려운 일이 아닙니다. 하지만 다른 사람에게 어떻게 보일지만 신경 쓴다면 실제 자기 자신은 언제까지고 만족감을 느끼지 못한 채 괴로워하며 살아가게 됩니다.

남을 이기거나 남과 비교하면서 우월감을 느끼기보다는 자기가 진심으로 하고 싶은 일, 만족감을 느끼는 일에 집중해 보세요. 남의 시선이 아닌 자기 마음을 우선하는 습관이 들면 자연스레 반짝반짝 빛이 납니다. 또한 다른 사람의 반짝이는 모습을 봐도 신경 쓰이지 않게 됩니다. 사람마다 반짝임에 대한 기준은 제각기 다른 법이니까요.

Case 5

아직 건강한 부모님이
생활비를 요구해서 부담된다

현재 상황

고등학교 졸업과 동시에 고향을 떠나 독립했다. 부모님이 계신 고향집에는 1년에 한두 차례 가는 정도다. 부모님과 사이가 돈독하지는 않지만 그렇다고 특별히 나쁘지도 않은 평범한 가정이다. 다만 1주일에 한두 번씩 걸려오는 엄마의 전화가 유일한 스트레스다. 통화할 때마다 생활이나 일에 관해 사소한 부분까지 꼬치꼬치 캐묻고, 연금만으로 생활하는 데 대한 불안과 하소연을 늘어놓곤 한다.

오늘의 노트

또 엄마한테 전화가 왔다!! 고향에 돌아올 마음이 없다면 돈이라도 어떻게 해 보라고 했다 (사실). 다달이 생활비를 보태라는 뜻인가? 아, 정말 싫다!! 내가 언제 안 돌아가겠대? 솔직히 돌아갈 마음이 없긴 하지만.

맨날 집에만 틀어박혀 있으니까 스트레스가 쌓이는 거잖아! 제발 나를 스트레스 해소 창구로 삼지 마!! 친구한테 이야기하라고!! (네모 안 문장을 제외하고는 전부 환상)

설정 변경 3단계

1. 직시하다

- 뭐가 싫은데?

  → 부모님이 생활비를 부담 지우려고 하는 것.

- 왜 싫은데?

  → 마음이 무거우니까!! 내 생활비도 만만찮게 들고.

  건강에 문제가 생기기 전까지는 부모님 힘으로 생

  활비를 해결했으면 좋겠다!!

- 그렇다면?

  → 부모님께 생활비를 보내거나 전화 통화를 자주 하
    는 게 부담스럽다는 설정, 나는 이 설정을 갖고 현
    실을 즐기고 있다.

2. 느끼다

- 지금의 설정에 대해 어떻게 생각해?

  → 내가 부모님 건강이 나빠지기 전에 효도하고 싶어
    하는 줄 알았다. 그런데 오히려 짐스럽게 여기고 있
    었다니….
    나도 모르게 부모님께 생활비를 보내 드리지 못하
    는 자신이 한심하게 느껴졌나 보다. 그래서 엄마가
    나를 걱정하는 마음에 전화하는 것을 부담 주려는
    것으로 오해했는지도 모르겠다. 사실은 성공해서
    부모님을 기쁘게 해 드리고 싶은데….

3. 정하다

엄마에게 전화해서 다음 설에는 집에 가겠다고 말하자.

성공해서 부모님을 기쁘게 해 드리기 위해 앞으로도 열심

히 노력해야겠다.

Sakiko's ADVICE

이 사연의 주인공은 '부모님께 생활비를 보내드려야 효자다'
라는 설정에 갇혀 있습니다. 그런데 생활비를 보낼 여력이 되
지 않으니 부모님이 부담스럽게 여겨지는 것이죠.

이런 설정을 갖고 있으면 '돈을 많이 벌면 부모님을 책임져야
하니 많이 벌기 싫다', '부모님께 생활비를 보내느니 차라리 돈
을 못 버는 게 낫다'는 소원이 이루어집니다.

그게 정말 당신이 이루고 싶은 소원인가요? 사실은 부모님이
아직 정정하실 때 성공한 모습을 보여 줘서 기쁘게 해 드리고
싶지 않나요?

나의 3줄 노트 쓰기

_____월 _____일 (요일)

| 직시하다 |

• 지금 기분이 어떤데?

_____

_____

_____

• 왜 그렇게 생각하는데?

_____

_____

_____

• 어째서 그렇게 느끼는데?

_____

_____

_____

• 그렇다면 지금의 내 설정은 뭐지?

_____

_____

_____

느끼다

• 지금의 설정에 대해 어떻게 생각해?

_____

_____

_____

정하다

• 그렇다면 이렇게 하자!

_____

_____

_____

3줄 노트

1. 관찰 →

_____

_____

_____

_____

2. 감정 →

_____

_____

_____

_____

3. 결정 →

_____

_____

_____

_____

모든 것은 당신이
원하는 대로

나는 이 책을 통해 '3줄 노트 쓰기'만으로도 지금까지는 상상조차 하지 못했던 멋진 삶을 사는 나와 만날 수 있다는 것을 전하고 싶었습니다. 소원을 이룬 새로운 자신과 만나기 위해 아주 조금만 시간을 내서 노트와 마주해 보세요. 그리고 지금의 나를 직시할 '용기'와 자신의 감각을 믿어주는 '배려'를 가졌으면 합니다.

내가 지금 쉽게 많은 돈을 벌면서 행복하고 풍족한 삶을 누리는 것은 모두 3줄 노트 덕분입니다. 지금의 나를 직시하고, 느끼고, 결정하면서 꾸준히 설정을 변경해 왔기 때문이죠.

밤늦게까지 혼자 처리하던 일을 이제는 13명의 직원들과 함께 하고 있습니다. 좋은 엄마는 아이를 다른 사람에게 맡기고 외출하지 않는다는 설정에 얽매였던 부자유스러운 싱글맘은 이제 자유롭고 행복한 싱글맘이 되었습니다.

예전에는 하루에 수십만 원짜리 호텔에 묵는 데에도 불안을 느꼈지만 이제는 하루에 1천만 원짜리 호텔에 머무는 풍요로움도 마음껏 누리게 되었죠.

또한 이 책을 통해 예전의 저와 같은 분들과 더 많은 행복을 나누고 싶었습니다. '눈앞의 모든 현실은 자신을 비추는 거울이다'와 같은 말을 부정적으로만 해석해서 괴로워하는 사람들을 많이 보았기 때문입니다. 현실에 일어난 일들이 모두 자신의 가치라고 착각하거나 내면이 반영된 결과라고 생각하기 때문이죠.

그러나 지금 겪고 있는 일이나 지위, 수입 등 현실의 모든 것은 진짜 소원을 이루기 위한 밑거름이라고 생각합니다. 현실은 자신을 비난하거나 타인을 비난하기 위한 재료가 결코 아닙니다. 꾸준히 설정을 변경하다 보면 눈앞에 놓인 현실에 휘둘리지 않고 지금 여기에 있는 나를 있는 그대로 사랑할 수 있게 됩니다. 어쩌면 '설정 변경'이란 스스로에 대한 궁극적 사랑의 형태일지도 모릅니다.

태어났을 때 만났던 기쁨과 무조건적인 사랑이 가득했던 그 세계를 떠올리실 수 있기를 빕니다. 모든 것은 당신에게 달려 있습니다. 어떤 선택을 하든, 자신의 선택을 믿으세요. 그것만으로도 당신이 꿈꾸던 인생이 펼쳐질 것입니다.

마지막으로 이 책을 읽어 주신 당신에게 감사드립니다. 당신이 돈의 신에게 사랑 받기를, 그리고 더 많은 가능성이 찬란히 빛나기를 기원합니다!

정말로 당신은
무엇을 하고 싶나요?

내 노트를 공개합니다.

무덤까지 가져가겠다고 다짐했는데

이렇게 보여 주려니 굉장히 부끄럽네요.

내 노트를 보면 알 수 있듯

'3줄의 노트'에는 엄격히 정해진 규칙이나 양식이 없습니다.

단 3가지 법칙만 염두하면서

그저 쓰고 싶은 대로 자유롭게 쓰면 되죠.

여러분도 가벼운 마음으로 노트 쓰기를 시작해 보세요!

자유로움이 느껴지는 루이비통 노트,
맞춤 제작한 악어가죽 펜 케이스,
잉크를 교체할 수 있는 루이비통 만년필.

보들보들해서
기분이 좋아지는 가죽 감촉!

예전에는 몰스킨 노트를 애용했지만 요즘은 루이비통 노트를 사용합니다. 두 제품 모두 고무
밴드가 달려 있어서 깔끔하게 고정할 수 있습니다.
맞춤 제작을 의뢰하고 한 달이나 기다려서 받은 베이비 핑크색 악어가죽 펜 케이스는 제가
정말 아끼는 아이템입니다. 만년필 사이즈에도 안성맞춤이고 루이비통 노트와도 마치 세트
처럼 잘 어울리죠.
나에 대해 기록하는 아이템이 반짝반짝 빛날수록 내 인생도 점점 더 반짝반짝해집니다.

저는 잉크 카트리지를 교체할 수 있는 만년필을
선호합니다. 사진 속의 양가죽 만년필은 루이비통
제품입니다. 개인적으로 루이비통 제품에서는 쾌
적한 자유, 성숙한 자유, 럭셔리한 자유가 느껴져
서 꽤 좋아합니다. 단, 이건 맞고 틀리고의 문제가
아니라 어디까지나 취향일 뿐입니다.

SAKIKO'S NOTE

노트를 펼쳤을 때 보이는 2페이지가 하루 분량입니다. 쓸 내용이 많은 날에는 다음 페이지에 연이어 쓰기도 합니다. 이런 자유로움도 노트의 큰 장점 가운데 하나죠!
전 왼쪽 페이지 상단에 날짜와 시간 스탬프를 콕 찍은 다음에 쓰기 시작합니다.

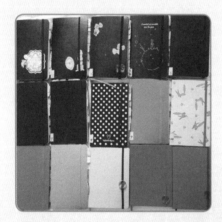

손때 묻은 노트들은 제 보물입니다!

처음에는 독서 노트, 일기, 스케줄러를 구분해서 썼는데 지금은 전부 노트 한 권에 정리합니다. 왜냐하면 나의 모든 상태를 '카오스(혼돈 상태)'로 만들기 위해서죠. 왜 더 복잡하게 만드는지 이상하겠지만, 점과 점이 만나 선이 되고 또 면이 되어가듯 카오스 속에서 찾아가는 질서는 긍정적인 '우주의 힘'을 더욱 강력하게 끌어당기기 때문입니다.

노트를 쓸 때는,
좋아하는 아이템에
둘러 싸여서!

전 노트를 쓸 때 항상 샴페인 한 잔을 마십니다. 샴페인을 한 모금 마시면 긴장이 풀리면서
몸과 마음이 편안해집니다. 샴페인의 동글동글한 거품은 여성성의 본질을 떠오르게 합니다.
그 거품이 온몸으로 스며드는 감각을 느끼면서 지금의 나와 똑바로 마주하고 절망한 횟수만
큼 설정을 변경해 왔습니다.

우주적 관점으로
인생의 설정을 변경하기

SAKIKO'S NOTE

2013 HAPPY NEW YEAR

2012년에 이어
2013년에도 성장하는
한 해가 되자!

読書をたくさんしよう。

2012に31きりつも、
成長の2013に しま9

部屋も、仕事場も、考えを
シンプルに×クリアに。

給料 20万。

淡々と、実行していく、続けていく。

'한 달 수입 200만 원'
이때는 아직 '한 달 수입이 200만
원이 될 나'에 포커스를 맞추고 있
었습니다. 설정 변경을 '내 한 달
수입은 200만 원입니다'라고 보다
명확하게 쓰고 "그럼 어떻게 해야
할까?"에 대해 자신이 진짜 원하
는 것을 심플하게 선택해 온 결과
순식간에 수입이 늘어 갔습니다.

2013년의 목표
▷ 책을 많이 읽자.
▷ 집도, 일도, 생각도 심플하고 명쾌하게!
▷ 한 달 수입 200만 원
▷ 담담히 실행하고 꾸준히 지속하자.

돈은 정말 좋은 거!

今年1年で、0円 終了。
今年で、ますます 子ん大する。
最高額を、更新します♡
4月、3300万だったので、給与は 990万 だったが。
今日はとりあえず 内 500万 もらう♡♡
ありがとう♡ ますます ざくざく お金が 入ってきます
ありがとう。愛しています。

4월, 3억3천만 원이었으니,
한 달 수입은 9천9백만 원이지만,
이번에는 우선 5천만 원을 받았다.♡♡
고마워요.♡
점점 돈이 엄청나게 벌리고 있네요.
고마워요 사랑해요.

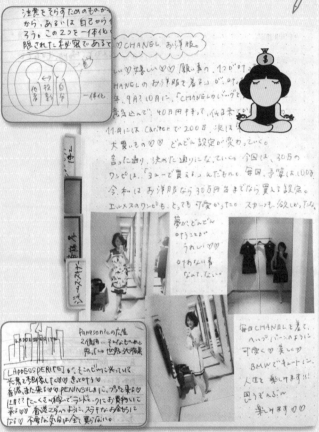

설정은 결정만 하면 얼마든지 변경할 수 있습니다. 자신의 가능성을 믿으세요. 어떻게 해야 변경한 설정이 이루어질지는 전혀 걱정하지 마세요. 당신의 내면에는 이미 모든 것을 이룰 힘이 있으니까요. 당신의 힘은 생각보다 훨씬 더 대단하답니다!

SAKIKO'S NOTE

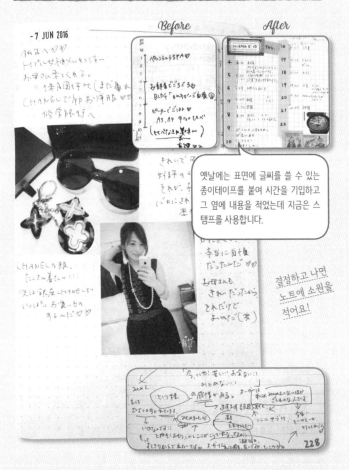

옛날에는 표면에 글씨를 쓸 수 있는 종이테이프를 붙여 시간을 기입하고 그 옆에 내용을 적었는데 지금은 스탬프를 사용합니다.

결정하고 나면 노트에 소원을 적어요!

화살표를 이용해 지금의 나를 직시하고, 느끼고, 결정하는 과정입니다. 깊이, 더 깊이 파고들어 가다 보면 지금 내가 가진 설정이 무엇인지 깨닫게 되죠!

책을 옮겨 적는 것은
명상과 마찬가지

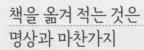

책을 고를 때는 직감으로!

나에게 쓰는 행위는 명상과 마찬가지입니다. 특히 책을 읽고 마음에 와 닿는 문구가 있을 때
는 묵묵히 노트에 필사합니다. 펜을 움직여 종이에 적으면 그 내용이 현실에 반영됩니다.
세상에는 성공하는 법, 부자 되는 법을 알려 주는 책이 차고 넘칩니다. 그런데도 실제로 성공
하거나 부자가 되는 사람이 적은 까닭은 머릿속으로만 생각하기 때문이 아닐까요?

SAKIKO'S NOTE

독서 노트, 일기, 스케줄러를 노트 하나에 전부 기록하기 시작하면서부터는 필사한 페이지에 책 제목을 적은 인덱스 스티커를 붙여 둡니다. 마음에 드는 문구가 있으면 옮겨 적고, 읽거나 쓰면서 떠오른 생각을 옆에 적어 둡니다. 그 과정을 거치면서 내 설정을 깨달을 때도 있습니다.

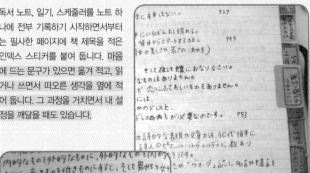

책에서 얻은 배움을
인생의 밑거름으로!!

사랑해!

가족과는 여유롭고
풍요로운 시간을

SAKIKO'S NOTE

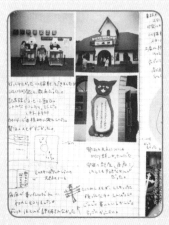

고마워~!

가족여행을 온전히 즐기지 못하던 시기가 있었습니다. '아이들에게 추억을 만들어 줘야 해', '아이들을 데리고 열심히 놀러 다녀야 훌륭한 엄마야'라는 고정관념에 사로잡혀 있었기 때문이죠.

'가족여행이 전혀 즐겁지 않다'라는 사실을 직시하고 왜 그런 감정이 드는지 스스로 질문하며 파고든 끝에 나에게 '여행 경비를 최대한 아껴야 한다'는 설정이 있었음을 깨달았습니다.

그래서 곧바로 '앞으로는 여유로운 가족여행을 즐기는 데 드는 돈과 시간을 아끼지 말자!'라고 설정을 변경했죠. 그때부터는 진짜 원하는 일, 기쁨을 느끼는 일에 돈을 쓰며 풍요와 여유를 즐길 수 있게 되었습니다.

받았을 때 감동했던 편지와 엽서는 봉투째 노트에 붙여 둡니다. 무엇에 감동했는지 따로 적어 두지는 않습니다. 보기만 해도 그때 느낀 감정이 고스란히 되살아나기 때문이죠.

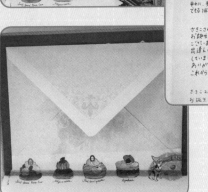

소중한 편지는
귀여운 스티커로!

감동은 글로 표현하기보다는
노트에 붙이기

SAKIKO'S NOTE

三浦さん「世界最高の気分」

最高齢エベレスト登頂

「80歳まだまだいける」

史上最高齢の80歳で世界最高峰のエベレスト山頂に立った三浦雄一郎さん＝23日（ミウラ・ドルフィン）

2013.5.24(하고)
東京日報 朝刊

정말 대단해요!

감동이 절로 솟아난 기사입니다!! 80세의 나이에 에베레스트(해발 8,848m) 등반에 성공하다니, 정말 대단하지 않나요!! 나는 얼마 전 하와이에 갔을 때 마우나케아산(해발 4,207m)에서도 고산병에 걸렸는데 말이죠.

레스토랑에 갔다가 직접 쓴 붓글씨 메뉴판을 보고 감탄해서 붙여 두었습니다.

내가 꿈꾸는
이미지가 담긴 사진은
소원을 이루어 주는
강력한 무기입니다.

예전에 적은 소원은 꼭 다시 읽어 봅니다. 그리고 이루어진 소원 옆에 '이루어졌습니다. 감사합니다. 감사합니다. 감사합니다'라고 감사 인사를 써 두죠.
소원만 빌고 이루어졌을 때 감사 인사를 잊지는 않았나요? 소원을 비는 것보다 감사가 더 중요합니다. 감사의 마음도 노트에 적어 주세요.

미지의 감정에 설렘을
느끼며 소원 빌기

SAKIKO'S NOTE

소원이 이루어지는 이유는 무엇일까요? 펜으로 노트에 글을 쓰고 꿈꾸는 이미지가 담긴 사진을 노트에 붙이는 등의 행동이 소원에 '형태'를 만들어 주어 현실에 반영되기 때문입니다. 노트를 쓰면 머릿속으로 생각만 할 때와는 달리 몸이나 노트, 펜, 사진처럼 형태가 있는 물질을 많이 사용합니다. 그래서 소원이 이루어지는 것이죠.

계속해서 소원이
이루어지고 있어요!

나는 소원을 쓸 때 소원이 이루어졌을 때 느낄 감정을 어렴풋하게만 상상합니다.

지금의 나는 자신이 갖고 있는 설정을 바탕으로 상상하게 마련입니다. 따라서 지금으로써는 실제로 소원이 이루어졌을 때 어떤 기분일지 정확히 알 수 없죠. 나의 경우 실제로 소원이 이루어졌을 때, 소원을 빌던 당시에는 생각조차 못했던 감정을 느낀 일이 많았습니다.

'소원이 이루어지면 분명 이런 감정일 거야.' 하며 억지로 쥐어짜 내듯 이미지를 떠올리려 하기보다는 '소원이 이뤄지면 어떤 감정일까? 알고 싶어! 기대돼!' 하고 미지의 감정에 '지금' 설렘을 느껴야 소원이 이루어집니다.

What Do You Really Want?

옮긴이 **정세영**

대학에서 일본어를 전공하고 일본계 기업과 디자인 회사에서 사회 경험을 쌓았다. 삶의
지혜가 담긴 책과 시야를 넓혀 주는 언어를 스승처럼, 친구처럼 여겨 왔다. 지금은 책과
언어에 둘러싸여 생활하며 저자와 독자의 징검다리 역할에 전념하고 있다.

돈의 신에게 사랑 받는 3줄의 마법

초판 1쇄 발행 2018년 12월 15일
초판 9쇄 발행 2022년 5월 10일

지은이 후지모토 사키코
옮긴이 정세영
발행인 강선영·조민정
마케터 이주리·강소연
펴낸곳 (주)앵글북스

주소 서울시 종로구 사직로8길 34 경희궁의 아침 3단지 오피스텔 407호
문의전화 02-6261-2015 **팩스** 02-6367-2020
메일 contact.anglebooks@gmail.com
ISBN 979-11-87512-37-0 13190